Geschichten von chinesischen Geistern

Lafcadio Hearn

Geschichten von chinesischen Geistern

Übersetzung aus dem Englischen von Klaus Lerch

HIBARIOS

FSC
www.fsc.org
MIX
Papier aus verantwortungsvollen Quellen
Paper from responsible sources
FSC® C105338

Die deutsche Nationalbibliothek verzeichnet diese Publikation in der Deutschen Nationalbibliographie. Detaillierte bibliographische Daten sind im Internet über http://d-nb.de abrufbar.

ISBN 978-3-945058-32-9

Herstellung: Books on Demand GmbH, Norderstedt

Inhaltsverzeichnis

中国鬼魂

Für meinen Freund

HENRY EDWARD KREHBIEL,

den Musiker,

der in der Sprache der Melodie

zu den Kindern von Tien-Hia sprach,

und zu den umherziehenden Tsing-jin,

deren Haut goldfarben ist,

der sie dazu brachte,

seltsame Töne auf der mit Schlangenhaut bespannten San-Hien zu spielen,

der sie überredete,

die kreischenden Ya-Hien für mich erklingen zu lassen,

der sie dazu bewegte,

ein Lied aus ihrer Heimat zu spielen,

das Lied von Mohlí-Hwa,

das Lied der Jasminblüte

Vorwort

Ich denke, meine beste Entschuldigung für den geringen Umfang dieses Bandes ist der besondere Charakter des Materials, aus dem er besteht. Bei der Auswahl der Legenden suchte ich vor allem nach fremdartiger Schönheit, wobei mir die folgende bemerkenswerte Feststellung in Sir Walter Scotts *Essay on Imitations of the Ancient Ballad* stets präsent war: „Das Übernatürliche ist, obwohl es an bestimmte starke Emotionen appelliert, die in der menschlichen Rasse sehr breit und tief verwurzelt sind, dennoch eine Feder, die besonders dann dazu neigt, ihre Spannkraft zu verlieren, wenn man sie zu sehr staucht."

Denjenigen, die sich mit der chinesischen Literatur in ihrer ganzen Breite vertraut machen wollen, wurde der Weg durch die Arbeiten von Sprachwissenschaftlern wie Julien, Pavie, Rémusat, De Rosny, Schlegel, Legge, Hervey-Saint-Denys, Williams, Biot, Giles, Wylie, Beal und vielen anderen Sinologen geebnet. Solch großen Forschern steht in der Tat als Entdecker und Eroberer das Recht zu, das Gebiet der Geschichte Kathais für sich zu beanspruchen. Doch dem demütigen Reisenden, der ihnen staunend in die weiten und geheimnisvollen Welten der chinesischen Phantasie folgt, mag es sicherlich gestattet sein, einige der wunderbaren Blumen, die dort wachsen – eine selbstleuchtende Hwa-wang, eine schwarze Lilie, eine Phosphor-Rose oder zwei – als Andenken an seine neugierige Reise zu pflücken.

L. H.

New Orleans, 15. März 1886.

Die Seele der großen Glocke

Sie hat gesprochen, und ihre Worte klingen noch in seinen Ohren.

Hao-Khieou-Tchouan: c. ix.

Die Wasseruhr im Ta-chung Sz', dem Turm der großen Glocke, zeigt die volle Stunde an. Jetzt wird der Schlägel erhoben, um den Rand des metallenen Ungeheuers zu schlagen, den riesigen Rand, der mit buddhistischen Texten aus dem ehrwürdigen Fa-hwa-king und mit Kapiteln aus dem heiligen Ling-yen-king beschriftet ist! Hört, wie die große Glocke antwortet! – Wie mächtig ihre Stimme ist, obwohl sie keine Zunge hat! – KO-NGAI! All die kleinen Drachen auf den hohen Traufen der grünen Dächer erzittern unter dem Eindruck der Klangwellen bis zu den Spitzen ihrer vergoldeten Schwänze. Auch die Wasserspeier aus Porzellan erbeben auf ihren geschnitzten Sitzen und die hundert kleinen Glocken an den Dächern der Pagode zittern vor Verlangen, selbst zu erklingen. KO-NGAI! – All die grün-goldenen Kacheln des Tempels vibrieren, die hölzernen Goldfische über ihnen winden sich in den Himmel und der erhobene Finger von Fo schwankt hoch über den Köpfen der Gläubigen durch den blauen Weihrauchnebel! KO-NGAI! – Was war das für ein Donnerschlag! All die lackierten Kobolde auf den Palastgesimsen zeigen ihre feuerfarbenen Zungen! Und nach jedem gewaltigen Schlag hat man das erstaunlich vielfache Echo in den Ohren, und das mächtige goldene Stöhnen und endlich das plötzliche zischende Schluchzen, wenn der gewaltige Ton in einem gebrochenen silbrigen Murmeln verklingt, – ganz so, als ob eine Frau flüstern würde: „Hiai!" So hat die große Glocke seit fast fünfhundert Jahren jeden Tag geklungen, Ko-Ngai: erst mit gewaltigem Dröhnen, dann mit unermesslichem Stöhnen aus Gold und schließlich mit silbernem Murmeln von „Hiai!" Es gibt nicht ein Kind in all den belebten Gassen der alten chinesischen Stadt, das die Geschichte der großen Glocke nicht kennt, und das nicht erklären kann, warum die große Glocke die Laute Ko-Ngai und Hiai von sich gibt!

Dies ist die Geschichte der großen Glocke im Ta-chung Sz', wie sie im Pe-Hiao-Tou-Choue geschrieben steht, verfasst vom gelehrten Yu-Pao-Tchen aus der Stadt Kwang-tchau-fu.

Vor fast fünfhundert Jahren befahl Yong-Lo, der göttliche Kaiser und Sohn des Himmels aus der erlauchten Ming-Dynastie, dem ehrenwerten Hofbeamten Kouan-Yu, eine Glocke von solcher Größe anfertigen zu lassen, dass ihr Klang hundert Li weit zu hören sei. Weiterhin ordnete er an, dass der Klang der Glocke mit Messing verstärkt, mit Gold vertieft und mit Silber versüßt werden sollte. Auf der Vorderseite und auf dem großen Rand ließ er gesegnete Sprüche aus den heiligen Büchern eingravieren. Schließlich sollte die Glocke ihren Platz im Zentrum der kaiserlichen Hauptstadt finden, um mit ihrem Klang all die belebten Straßen Pekings zu beschallen.

Da rief der ehrwürdige Mandarin Kouan-Yu die berühmtesten Glockenschmiede des Reiches zusammen und viele weitere Männer, die sich Verdienste im Gießereigewerbe erworben hatten. Diese wogen das Material für die Legierung ab und bearbeiteten es mit großem Geschick. Daraufhin bereiteten sie die Formen, das Feuer, die Werkzeuge und den riesigen Tiegel zum Schmelzen der Metalle vor. Die Männer arbeiteten unermüdlich, vernachlässigten Ruhezeiten, Schlaf und die Annehmlichkeiten des Lebens. Sie schufteten Tag und Nacht im Gehorsam gegenüber Kouan-Yu und bemühten sich nach Kräften, die Vorgaben des Himmelssohnes zu erfüllen.

Doch als das flüssige Metall gegossen und die irdene Form von dem glühenden Gussstück getrennt war, stellte man enttäuscht fest, dass das Ergebnis trotz der immensen Anstrengungen und der großen Sorgfalt wertlos war, denn die Metalle hatten sich gegeneinander gewehrt. Das Gold hatte sich nicht mit dem Messing verbinden wollen und das Silber sich nicht mit dem Eisen. Deshalb mussten die Gussformen noch einmal vorbereitet, die Feuer neu entfacht, die Metalle wieder aufgeschmolzen und die ganze Arbeit mühsam und aufwendig wiederholt werden. Als der Sohn des Himmels dies hörte, wurde er zornig, aber er sagte nichts.

Ein zweites Mal wurde die Glocke gegossen, doch das Ergebnis war schlechter als zuvor, denn die Metalle waren noch immer nicht bereit, sich miteinander zu verbinden. Der Guss der Glocke war unregelmäßig, die Seiten rissig und zerklüftet, die Ränder verschlackt und zersplittert. Zum großen Entsetzen von Kouan-Yu musste die ganze Arbeit ein drittes Mal wiederholt werden. Als der Sohn des Himmels dies hörte, wurde er noch zorniger als zuvor. Er schickte seinen Boten zu Kouan-Yu mit einem Brief, der auf zitronenfarbener Seide geschrieben und mit dem Siegel des Drachen versehen war. Dort stand zu lesen:

„Vom Mächtigen Yong-Lo, dem Erhabenen Tait-Sung, dem himmlischen Kaiser, dessen Herrschaft ‚Ming' genannt wird, an Kouan-Yu, den Fuh-yin: Zweimal habt Ihr das Vertrauen verraten, das wir Euch gnädigerweise geschenkt haben. Wenn Ihr die Euch gestellte Aufgabe auch beim dritten Mal nicht erfüllt, soll Euch der Kopf vom Rumpf getrennt werden. Erzittert und gehorcht!"

Kouan-Yu hatte eine Tochter von strahlender Schönheit, deren Name – Ko-Ngai – die Poeten des Landes inspirierte, und deren Herz noch liebreizender war als ihr Antlitz. Ko-Ngai liebte ihren Vater so sehr, dass sie lieber hundert würdige Verehrer abwies, als ihn in seinem Haus trostlos zurückzulassen. Als sie das schreckliche gelbe Schreiben sah, das mit dem Drachensiegel versehen war, fiel sie in Ohnmacht aus Angst um ihren Vater. Wieder bei Sinnen und bei Kräften, konnte sie weder ruhen noch schlafen, weil sie ständig an die Gefahr denken musste, der ihr Vater ausgesetzt war. Und so verkaufte sie einige ihrer Juwelen, eilte mit dem so erlangten Geld zu einem Sternendeuter und zahlte diesem einen hohen Preis, damit er sie berate, wie ihr Vater der Gefahr entkommen könne. Der Astrologe beobachtete den Himmel und zeichnete die Form des Silberstroms, den wir Milchstraße nennen. Er untersuchte die Zeichen des Tierkreises, die Hwang-tao oder Gelbe Straße, und zog die Tabelle der Fünf Hin oder Prinzipien des Universums und die mystischen Bücher der Alchemisten zurate. Nach langem Schweigen sprach er zu ihr: „Gold und Messing werden sich niemals verheiraten lassen, Silber und Eisen sich niemals umarmen, solange nicht der Leib einer Jungfrau im Tiegelofen geschmolzen und ihr Blut mit den flüssigen Metallen vermischt ist." So kehrte Ko-Ngai traurigen Herzens nach Hause zurück, aber sie behielt die Worte des Sternendeuters für sich und erzählte niemandem, was sie getan hatte.

Schließlich kam der schreckliche Tag, an dem zum dritten und letzten Mal der Versuch unternommen werden sollte, die große Glocke zu gießen. Ko-Ngai begleitete ihren Vater zusammen mit ihrer Dienerin in die Glockenschmiede, wo sie alle auf einer Bühne Platz nahmen, von der aus man die Arbeit der Gießer und die Lava aus geschmolzenem Metall überblicken konnte. Die Arbeiter verrichteten ihr Werk in der Stille. Man hörte nur das Murmeln der Feuer, das sich zu einem Tosen verstärkte, wie das Tosen eines herannahenden Taifuns, und der blutrote See aus Metall leuchtete langsam auf wie das Zinnoberrot eines Sonnenaufgangs, und das Zinnoberrot verwandelte sich in strahlenden Goldglanz, und das Gold wurde blendend weiß, wie das silberne Antlitz eines Vollmondes. Dann hörten die Arbeiter auf, die tobende Flamme anzuheizen, und alle richteten ihre Augen auf Kouan-Yu, der sich darauf vorbereitete, das Signal zum Gießen zu geben.

Doch noch bevor er die Hand erhob, ließ ihn ein Schrei den Kopf wenden, und alle hörten die Stimme von Ko-Ngai, die klar und lieblich wie der Gesang eines Vogels über dem tosenden Feuer erklang: „Um deinetwillen, o mein Vater!" Noch während sie schrie, sprang sie in die weiße metallene Flut. Die Lava des Ofens brüllte auf, um sie zu empfangen, sprühte ungeheure Glutbrocken bis zum Dach, brach über den Rand des irdenen Kraters, warf eine wirbelnde Fontäne vielfarbigen Feuers empor und sank bebend hernieder, begleitet von Blitzen und Donnergrollen.

Fast wäre der Vater von Ko-Ngai ihr in seinem Kummer hinterhergesprungen, doch starke Männer ergriffen ihn und hielten ihn fest, bis ihn die Ohnmacht von seinem Schmerz erlöste und sie ihn wie einen Toten nach Hause tragen konnten. Die Dienerin von Ko-Ngai stand vor dem Ofen, benommen und sprachlos vor Schmerz, und hielt noch immer einen Schuh in ihren Händen, einen winzigen, zierlichen Schuh, mit Perlen und Blumen bestickt, den Schuh ihrer schönen Herrin. Sie hatte versucht, Ko-Ngai am Fuß zu fassen, als sie sprang, aber sie hatte nur den Schuh festhalten können. Noch immer hielt sie ihn in der Hand und starrte ihn an, mit irrem Blick, als wäre sie dem Wahnsinn verfallen.

Trotz alledem musste der Befehl des göttlichen Kaisers befolgt und das Werk der Gießer vollendet werden, so hoffnungslos das Unterfangen auch sein mochte. Doch diesmal schien die Glut des Metalls reiner und weißer zu sein als zuvor, und von dem schönen Körper, der darin begraben war, war nichts mehr zu sehen. Der Guss wurde vollendet, und siehe da, als das Metall abgekühlt und aus der Form befreit war, fand man eine Glocke, so schön anzuschauen, von vollkommener Form und herrlicher Farbe, wie keine andere zuvor. Von Ko-Ngais Körper war keine Spur zu finden, denn er war von der kostbaren Legierung aufgenommen und mit dem Messing, Gold, Silber und Eisen vollständig vermischt worden. Als man die Glocke läutete, stellte sich heraus, dass ihr Klang tiefer, sanfter und mächtiger war als der Klang jeder anderen Glocke – er war noch in einer Entfernung von hundert Li zu hören, wie der Donnerhall eines Sommergewitters und doch auch wie eine gewaltige Stimme, die einen Namen ausspricht, den Namen einer Frau – den Namen von Ko-Ngai!

Zwischen jedem mächtigen Schlag ist ein langes, tiefes Stöhnen zu hören, und immer endet das Stöhnen mit einem schluchzenden, klagenden Laut, als ob eine weinende Frau „Hiai!" murmeln würde. Wenn die Menschen das laute goldene Stöhnen hören, schweigen sie. Aber wenn das scharfe, süße Zittern in der Luft liegt und das Schluchzen von „Hiai!", dann flüstern die chinesischen Mütter in all den belebten Straßen Pekings ihren Kleinen zu: „Hört, das ist Ko-Ngai, die um ihren Schuh weint! Das ist Ko-Ngai, die nach ihrem Schuh ruft!"

Die Geschichte von Ming-Y

Weise Worte von Kouei – Vorsteher des Orchesters am Hofe des Kaisers Yao:

Wenn ihr die Steine zum Klingen bringt, am Ming-Khieou,
Wenn ihr die Leier berührt, die Kin genannt wird, oder die Gitarre, namens Ssé,
Und ihren Klang mit Gesang begleitet,
Dann kehren die Großväter und Väter zurück;
Dann kommen die Geister der Vorfahren, um zuzuhören.

Es sang der Dichter Tching-Kou:

Für immer blühen die Pfirsichbäume über dem Grab von Sië-Thao.

Wollt Ihr wissen, wer sie war, die schöne Sië-Thao? Seit mehr als tausend Jahren flüstern die Bäume über ihrem Bett aus Stein. Und die Silben ihres Namens erklingen mit dem Rascheln der Blätter, mit dem Zittern der vielgliedrigen Äste, mit dem Flackern der Lichter und Schatten, mit dem Duft der unzähligen Wildblumen, so süß wie die Gegenwart einer Frau – Sië-Thao. Doch außer dem Flüstern ihres Namens kann man nicht verstehen, was die Bäume sagen. Sie allein erinnern sich an die Zeit von Sië-Thao. Bestimmt könnte man etwas über sie von einem der Kiang-kou-jin erfahren, jenen berühmten chinesischen Geschichtenerzählern, die allabendlich einer lauschenden Menge gegen ein paar Tsien die Legenden der Vergangenheit erzählen. Auch in dem Buch mit dem Titel „Kin-Kou-Ki-Koan", was in unserer Sprache soviel bedeutet wie: „Die wunderbaren Begebenheiten der alten und neuen Zeit", liest man von ihr. Und von allem, was darin geschrieben steht, ist die folgende Erinnerung an Sië-Thao vielleicht die wunderbarste:

Vor fünfhundert Jahren, zur Zeit des Kaisers Houng-Wou aus der Ming-Dynastie, lebte in Kwang-tchau-fu, der Stadt der Geister, ein Mann namens Tien-Pelou, der für sein Wissen und seine Frömmigkeit bekannt war. Dieser Tien-Pelou hatte einen Sohn, einen stattlichen Jungen, der an Gelehrsamkeit, körperlicher Anmut und höflichem Benehmen unter den Jugendlichen seines Alters herausstach. Sein Name war Ming-Y.

Als der Junge in seinem achtzehnten Sommer war, wurde Pelou, sein Vater, zum Inspektor für das öffentliche Schulwesen in der Stadt Tching-tou ernannt, und Ming-Y begleitete seine Eltern dorthin. Nahe der Stadt Tching-tou lebte ein reicher Mann von Rang namens Tchang, ein Hochkommissar der Regierung, der einen würdigen Lehrer für seine Kinder suchte. Als der edle Tchang von der Ankunft des neuen Inspektors für das öffentliche Schulwesen hörte, suchte er ihn auf, um seinen Rat einzuholen. Nachdem er dort Pelous begabten Sohn getroffen und mit ihm gesprochen hatte, stellte er ihn sogleich als Privatlehrer für seine Familie ein.

Da nun das Haus dieses Herrn Tschang mehrere Meilen von der Stadt entfernt lag, hielt man es für das Beste, Ming-Y im Haus seines Arbeitgebers einzuquartieren. Und so bereitete der Junge alles Notwendige für seinen Umzug vor. Seine Eltern verabschiedeten ihn mit klugen Ratschlägen und zitierten dabei die Worte von Laotse und den alten Weisen:

„Ein schönes Gesicht erfüllt die Welt mit Liebe, doch der Himmel wird sich davon nicht täuschen lassen. Wenn du eine Frau siehst, die aus dem Osten kommt, blicke nach Westen. Falls du ein Mädchen siehst, das sich aus dem Westen nähert, wende deine Augen nach Osten."

Dass Ming-Y diesen Rat später nicht befolgte, lag nur an seiner Jugend und an der Gedankenlosigkeit eines von Natur aus fröhlichen Herzens.

Und er verließ seine Eltern, um im Haus des Herrn Tschang zu wohnen, wo der Herbst vorüberging und auch der Winter.

Als die Zeit des zweiten Frühlingsmondes nahte und jener freudige Tag, den die Chinesen Hoa-tchao oder „Geburtstag der hundert Blumen" nennen, überkam Ming-Y die Sehnsucht, seine Eltern wiederzusehen. Er öffnete dem guten Herrn Tschang sein Herz, der ihm nicht nur seinen Wunsch gewährte, sondern auch zwei Unzen Silber in die Hand drückte, weil er dachte, der Junge wolle seinem Vater und seiner Mutter vielleicht ein kleines Andenken mitbringen. Denn es ist ein chinesischer Brauch, am Hoa-tchao-Fest Freunden und Verwandten Geschenke zu machen.

An diesem Tag war die ganze Luft von Blütenduft erfüllt und vom Summen der Bienen. Es schien Ming-Y, als sei der Weg, dem er folgte, seit vielen Jahren von niemandem mehr betreten worden. Das Gras wuchs hoch, und riesige Bäume zu beiden Seiten beschatteten den Weg, wobei sie ihre mächtigen und moosbewachsenen Arme über ihm verschränkten. Das blattreiche Dickicht erzittere vom Gesang der Vögel, und in den tiefen Weiten des Waldes stieg goldfarbener Dunst auf, der nach dem Atem der Blumen duftete, fast so wie Weihrauch in einem Tempel. Die verträumte Entzückung des Tages erfüllte das Herz des jungen Mannes. Ming-Y setzte sich zwischen die Blüten unter die Zweige, die sich gegen den violetten Himmel wiegten, um den Duft und das Licht zu genießen und die großartige süße Stille. Während er so dasaß, vernahm er ein Geräusch, das ihn veranlasste, seine Augen auf einen schattigen zu Platz richten, an dem wilde Pfirsichbäume blühten. Dort sah er eine junge Frau, schön wie die prächtigen Blüten selbst, die versuchte, sich zwischen diesen zu verstecken. Obwohl er nur einen kurzen Augenblick lang hinschaute, erkannte Ming-Y die Schönheit ihres Gesichts, die goldene Reinheit ihres Teints und den Glanz ihrer Augen, die unter einem Paar Brauen funkelten, die so zierlich geschwungen waren wie die ausgebreiteten Flügel eines Seidenfalters. Sofort wandte er seinen Blick ab und erhob sich, um den Weg fortzusetzen. Doch der Gedanke an diese bezaubernden Augen, die ihn durch die Blätter hindurch beobachtet hatten, verwirrte ihn so sehr, dass er das Geld, das er in seinem Ärmel trug, fallen ließ, ohne es zu bemerken. Wenige Augenblicke später hörte er das Getrappel leichter Füße hinter sich und eine Frauenstimme, die ihn beim Namen rief. Als er sich überrascht umwandte, sah er ein hübsches Dienstmädchen, das zu ihm sprach: „Herr, meine Gebieterin bat mich, das Silber, das Ihr auf der Straße verloren habt, aufzuheben und Euch zurückzugeben.“ Ming-Y bedankte sich höflich und bat das Mädchen, ihrer Herrin seine Grüße zu übermitteln. Dann setzte er seinen Weg fort durch die duftende Stille, quer durch die Schatten, die entlang des vergessenen Pfades träumten, und er träumte auch selbst und spürte, wie sein Herz bei dem Gedanken an das schöne Wesen, das er gesehen hatte, ungewohnt schnell schlug.

Eines Tages, als Ming-Y auf demselben Weg in seinen Heimatort zurückkehrte, hielt er erneut an der Stelle inne, an der ihm die anmutige Gestalt zuvor erschienen war. Doch dieses Mal war er überrascht, durch eine lange Reihe von riesigen Bäumen hindurch ein Haus zu erblicken, das ihm zuvor entgangen war – ein Landhaus, nicht groß, aber ungewöhnlich elegant. Die leuchtend blauen Ziegel des geschwungenen und geriffelten Doppeldachs, das sich über dem Blattwerk erhob, schienen ihre Farbe mit dem strahlenden Azur des Tages zu verschmelzen. Die grün-goldenen Muster der geschnitzten Säulengänge waren vorzügliche künstlerische Nachahmungen von Blättern und Blumen im Sonnenschein. Und ganz oben auf den Stufen der Terrasse, bewacht von großen Porzellanschildkröten, sah Ming-Y die Herrin des Hauses stehen, das Abbild seiner leidenschaftlichen Phantasie, begleitet von derselben Zofe, die ihr seine Dankesbotschaft überbracht hatte. Während Ming-Y die beiden Frauen beobachtete, bemerkte er, dass ihre Augen auf ihn gerichtet waren. Sie lächelten und unterhielten sich miteinander, als ob sie über ihn sprachen, und obwohl der junge Mann schüchtern war, fand er den Mut, die Schöne aus der Ferne zu grüßen. Zu seinem Erstaunen winkte ihn die junge Dienerin herbei. Ming-Y öffnete ein rustikales Tor, das von rankenden Pflanzen mit karminroten Blüten halb verdeckt war, und schritt mit einer Mischung aus Überraschung und zaghafter Freude die grüne Allee entlang, die zur Terrasse führte. Als er näherkam, zog sich die schöne Dame zurück, aber das Dienstmädchen wartete auf der breiten Treppe, um ihn zu empfangen. Als er hinaufstieg sagte sie:

„Herr, meine Gebieterin versteht, dass Ihr Euch für den unbedeutenden Dienst bedanken wollt, den sie mir kürzlich aufgetragen hat. Sie bittet Euch hereinzukommen, da sie bereits von Euch gehört hat und das Vergnügen haben möchte, Euch einen guten Tag zu wünschen."

Als Ming-Y schüchtern eintrat, schritten seine Füße geräuschlos über einen Bodenbelag, der elastisch und weich wie das Moos des Waldes war, bis er in einen großen, kühlen Empfangsraum gelangte, der nach frisch gepflückten Blüten duftete. Eine angenehme Stille durchdrang das Herrenhaus. Schatten fliegender Vögel zogen über die Lichtstreifen, die durch die halbgeöffneten Bambusläden auf den Boden fielen. Große Schmetterlinge mit feurigen Flügeln fanden ihren Weg hinein, um einen Augenblick über den bemalten Vasen zu schweben und wieder in den geheimnisvollen Wald hinauszufliegen. Und ebenso geräuschlos wie sie trat die junge Herrin des Hauses durch eine andere Tür ein und hieß den jungen Mann willkommen, der die Hände zur Brust hob und sich zur Begrüßung tief verbeugte. Sie war größer, als er sie eingeschätzt hatte, und geschmeidig schlank wie eine wunderschöne Lilie. Ihr schwarzes Haar war mit den cremefarbenen Blüten der Chu-sha-kih verwoben. Ihr Gewand aus blasser Seide nahm bei jeder Bewegung eine andere Tönung an, so wie der Morgendunst seine Farbe mit dem Wechsel des Lichts verändert.

„Wenn ich mich nicht täusche“, sagte sie, als beide nach dem Austausch der üblichen Höflichkeitsformalitäten Platz genommen hatten, „ist mein verehrter Besucher kein anderer als Tien-chou, genannt Ming-Y, Erzieher der Kinder meines geschätzten Verwandten, des Hochkommissars Tchang. Da die Familie des edlen Herrn Tchang auch meine Familie ist, kann ich nicht umhin, den Erzieher seiner Kinder als einen meiner eigenen Verwandten zu betrachten.“

„Gnädige Frau“, erwiderte Ming-Y nicht wenig erstaunt, „darf ich es wagen, den Namen Eurer verehrten Familie zu erfragen und mich zu erkundigen, in welchem Verhältnis Ihr zu meinem edlen Gönner steht?“

„Der Name meiner unbedeutenden Familie ist Ping“, antwortete die gutaussehende Frau, „eine alteingesessene Familie aus der Stadt Tching-tou. Ich bin die Tochter eines gewissen Sië aus Moun-hiao. Sië ist auch mein Name, und ich war mit einem jungen Mann aus der Familie Ping verheiratet, der Khang hieß. Durch diese Heirat wurde ich mit Eurem edlen Gönner verwandt, aber mein Mann starb bald nach unserer Hochzeit, und ich habe diesen einsamen Ort gewählt, um hier als Witwe zu leben.“

Die sanfte Stimme der Frau klang wie einschläfernde Musik, wie die Melodie der Bäche, wie das Murmeln des Frühlings, und ihre Art zu sprechen war so anmutig, wie es Ming-Y noch nie zuvor gehört hatte. Doch nachdem er erfahren hatte, dass sie eine Witwe war, traute er sich nicht, ohne förmliche Einladung länger in ihrer Gegenwart zu verweilen, und so erhob er sich, um zu gehen, nachdem er an der Tasse mit dem vorzüglichen Tee genippt hatte, die ihm gereicht worden war. Sië wollte ihn jedoch nicht so schnell gehen lassen.

„Nein, mein Freund“, sagte sie, „ich bitte Euch, noch eine Weile in meinem Haus zu bleiben. Denn sollte Euer verehrter Gönner jemals erfahren, dass Ihr hier wart und ich Euch nicht wie einen geachteten Gast behandelt und so verwöhnt habe, wie ich ihn verwöhnen würde, so würde ihn dies zutiefst erzürnen. Bleibt wenigstens zum Abendessen.“

So blieb Ming-Y und sein Herz frohlockte, denn Sië erschien ihm als das schönste und begehrenswerteste Wesen, dem er je begegnet war, und er fühlte, dass er sie noch mehr liebte als seinen Vater und seine Mutter. Während sie sich unterhielten, verschmolzen die langen Schatten des Abends langsam zu einer violetten Dunkelheit, das Licht der untergehenden Sonnenscheibe verblasste, und jene Sternenwesen, die man die Drei Räte nennt und die über Leben und Tod und das Schicksal der Menschen wachen, öffneten ihre kalten hellen Augen am nördlichen Himmel. In Siës Haus wurden die verzierten Laternen angezündet. Der Tisch war für das Abendmahl gedeckt, und Ming-Y nahm daran Platz, obwohl er wenig Lust zum Essen verspürte und nur an das liebliche Gesicht seiner Gastgeberin dachte, die ihm gegenübersaß. Als Sië bemerkte, dass er die Leckerbissen auf seinem Teller verschmähte, drängte sie ihren jungen Gast, vom Wein zu trinken, und so leerten sie zusammen mehrere Becher. Es war ein purpurner Wein, der so kühl war, dass sich Tau auf dem Gefäß niederschlug, in dem er serviert wurde, und dennoch schien er die Adern mit seltsamem Feuer zu erwärmen. Während Ming-Y trank, wurde das Gemach wie durch einen Zauber erleuchtet, die Wände schienen zurückzuweichen und das Dach sich zu erheben. Die Lampen leuchteten wie Sterne an ihren Ketten, und die Stimme von Sië schwebte zu den Ohren des jungen Mannes wie eine ferne Melodie, die er durch die Weiten einer dämmrigen Nacht hörte. Sein Herz weitete und seine Zunge löste sich. Worte kamen über seine Lippen, von denen er nie geglaubt hatte, dass er sie auszusprechen wagen würde. Doch Sië machte keine Anstalten, ihn zurückzuhalten. Ihre Lippen zeigten kein Lächeln, aber ihre klaren hellen Augen verrieten ihre Freude über seine lobenden Worte und seine leidenschaftlich bewundernden Blicke, die sie mit zugeneigtem Interesse erwiderten.

„Ich habe von Euren außergewöhnlichen Begabungen gehört und von all den Leistungen, die Ihr vollbracht habt“, sagte sie. „Ich selbst kann ein wenig singen, obwohl ich niemals eine Ausbildung genossen habe. Da ich nun die Ehre habe, mich der Gesellschaft eines Musiklehrers zu erfreuen, will ich meine Bescheidenheit beiseitelegen und Euch bitten, mit mir zusammen ein paar Lieder zu singen. Ich wäre hocherfreut, wenn Ihr Euch dazu herablassen würdet, einige musikalischen Kompositionen, die sich in meinem Besitz befinden, einer Bewertung zu unterziehen.“

„Die Ehre und das Vergnügen, edle Frau“, antwortete Ming-Y, „wird ganz auf meiner Seite sein, und ich weiß nicht, wie ich meine Dankbarkeit für das Angebot einer derart seltenen Gunst ausdrücken soll.“

Das Dienstmädchen, das dem Ruf eines kleinen silbernen Gongs gefolgt war, brachte ein Bündel mit musikalischen Aufzeichnungen und zog sich zurück. Ming-Y nahm die Manuskripte und begann, sie mit eifrigem Interesse zu untersuchen. Das Papier, auf dem die Lieder geschrieben waren, hatte einen blassgelben Farbton und war leicht wie ein hauchdünner Seidenstoff, aber die Schriftzeichen waren von seltener Schönheit, als wären sie mit dem Pinsel von Heï-song-ché-tchoo selbst gezeichnet worden, jenem göttlichen Schutzgeist der Tusche, der so winzig war, wie eine Fliege, und die Signaturen auf den Kompositionen entpuppten sich als die Unterschriften von Youen-tchin, Kao-pien und Thou-mou, den berühmten Dichtern und Musikern der Thang-Dynastie! Ming-Y konnte einen Aufschrei des Entzückens beim Anblick solch einzigartig seltener und unermesslich wertvoller Schätze nicht unterdrücken. Auch war er nicht bereit, sie auch nur für einen Augenblick aus seinen Händen zu legen. „O Herrin“, rief er, „dies sind wahrhaftig unbezahlbare Objekte, die den Wert der Schätze aller Könige übertreffen. Dies ist tatsächlich die Handschrift jener großen Meister, die fünfhundert Jahre vor unserer Geburt ihre Lieder gesungen haben. Wie wunderbar ist sie erhalten geblieben! Liegt es an der wundersamen Tinte, mit der die Texte geschrieben wurden: Po-nien-jou-chi, i-tien-jou-ki, – ‚Nach Jahrhunderten bleibe ich hart wie Stein, und die Buchstaben, die ich forme, beständig wie antiker Lack‘? Und wie göttlich ist der Zauber dieser Komposition – das Lied von Kao-pien, dem Dichterfürsten, der vor fünfhundert Jahren Gouverneur von Szetchouen war!“

„Kao-pien! Geliebter Kao-pien!“, murmelte Sië mit einem besonderen Leuchten in den Augen. „Kao-pien ist auch mein Favorit. Lieber Ming-Y, lasst uns gemeinsam seine Verse singen, nach der Melodie von einst, der Musik jener großen Jahre, als die Menschen edler waren, und weiser als heute.“

Und ihre Stimmen vermischten sich anmutig und klangen durch die duftende Nacht wie der Gesang der Wundervögel – der Fung-hoang. Doch nur einen Moment lang konnte Ming-Y in sprachloser Ekstase zuhören, überwältigt von dem Zauber der Stimme seiner Gefährtin, während die Lichter in der Kammer vor seinen Augen verschwammen, als Tränen der Freude über seine Wangen rannen.

So verging die neunte Stunde, und sie redeten weiter, tranken den kühlen Purpurwein und sangen die Lieder aus den Jahren von Thang bis tief in die Nacht hinein. Mehrmals dachte Ming-Y daran zu gehen, aber jedes Mal erzählte Sië mit ihrer silberweichen Stimme so wundersame Geschichten von den großen Dichtern der Vergangenheit und den Frauen, die sie liebten, dass er wie verzaubert war, oder sie sang für ihn ein so seltsames entrücktes Lied, dass ihm alle Sinne schwanden, außer dem des Hörens. Und als sie schließlich innehielt, um ihm Wein einzuschenken, konnte Ming-Y sich nicht zurückhalten. Er legte seinen Arm um ihren Hals, zog ihren zierlichen Kopf näher zu sich und küsste die Lippen, die so viel röter und süßer waren als der Wein. Ihre Lippen blieben fortan vereint und die Stunden verrannen unbemerkt.

Als die Vögel aus ihrem Schlaf erwachten und die Blumen ihre Augen für die aufgehende Sonne öffneten, hielt Ming-Y es für geboten, sich von seiner bezaubernden Gastgeberin zu verabschieden. Sië begleitete ihn auf die Terrasse, küsste ihn zärtlich und sagte: „Lieber Freund, kommt hierher, so oft Ihr könnt, so oft Euer Herz es Euch empfiehlt. Ich weiß, dass Ihr nicht zu den treulosen und unzuverlässigen Menschen gehört, die Geheimnisse verraten, doch da Ihr noch so jung seid, könntet Ihr vielleicht unbedacht sein. Deshalb bitte ich Euch inständig, niemals zu vergessen, dass nur die Sterne Zeugen unserer Liebe waren. Sprecht mit keinem lebenden Menschen darüber, mein Geliebter, und nehmt dieses kleine Andenken an unsere glückliche Nacht mit Euch."

Sie überreichte ihm ein wunderschönes, ausgefallenes, kleines Geschenk, einen Briefbeschwerer in Form eines Löwen, der aus einem gelben Jadestein gefertigt war, wie ihn nur ein Regenbogen zu Ehren von Kong-fu-tze hervorbringen kann. Zärtlich küsste der junge Mann das Geschenk und die schöne Hand, die es überreichte. „Mögen die Geister mich bestrafen", erwiderte er, „wenn ich Euch jemals wissentlich Anlass gebe, mir Vorwürfe zu machen, mein Geliebte!" Und so trennten sie sich mit gegenseitigen Treueschwüren.

Am nächsten Morgen, als er in das Haus von Lord Tchang zurückkehrte, kam Ming-Y zum ersten Mal in seinem Leben eine Lüge über die Lippen. Er behauptete, seine Mutter hätte ihn gebeten, die Nächte von nun an zu Hause zu verbringen, da das Wetter so angenehm geworden sei und die gute Luft und die Bewegung auf dem langen Weg dazu beitragen könnten, seinen Körper und seinen Geist weiter zu stärken. Tschang glaubte alles, was Ming-Y sagte, und erhob keine Einwände. So kam es, dass der junge Mann von nun an die Nächte im Haus der schönen Sië verbrachte. Jeden Abend widmeten sie sich denselben Vergnügungen, die ihre erste Begegnung so reizvoll gemacht hatten: Sie sangen und unterhielten sich, sie spielten Schach, das anspruchsvolle, von Wu-Wang erfundene Spiel, das den Krieg zum Vorbild hat, sie entwarfen Gedichte von achtzig Reimen über die Blumen, die Bäume, die Wolken, die Flüsse, die Vögel und über die Bienen. In all diesen Fertigkeiten übertraf Sië ihren jungen Geliebten bei weitem. Wenn sie Schach spielten, war es immer Ming-Ys General, Ming-Ys Tsiang, der umzingelt und besiegt wurde. Wenn sie Verse schrieben, waren Siës Gedichte den seinen stets überlegen an Harmonie der Wortwahl, an Eleganz der Form und an klassischer Erhabenheit der Gedanken. Und die Themen, die sie auswählten, waren immer die kompliziertesten, nämlich die der Dichter der Thang-Dynastie. Die Lieder, die sie sangen, waren bereits vor fünfhundert Jahren gesungen worden, die Lieder von Youen-tchin, von Thou-mou und vor allem von Kao-pien, dem großen Dichter und Herrscher der Provinz Sze-tchouen.

So gedieh und verging der Sommer mit ihrer Liebe, und der strahlende Herbst kam mit seinem Dunst aus geisterhaftem Gold und seinen Schatten aus magischem Purpur.

Dann geschah das Unerwartete. Als Ming-Ys Vater den Arbeitgeber seines Sohnes in Tching-tou traf, erkundigte sich dieser: „Warum muss der Junge weiterhin jeden Abend in eure Stadt fahren, jetzt, wo der Winter naht? Der Weg ist lang, und wenn er am Morgen zurückkehrt, sieht er müde und erschöpft aus. Warum erlaubt Ihr ihm nicht, in meinem Haus zu nächtigen, wenn draußen Schnee liegt?“ Der Vater von Ming-Y erwiderte erstaunt: „Edler Herr, mein Sohn hat in der letzten Zeit weder seine Heimatstadt besucht noch kam er den ganzen Sommer über ein einziges Mal in unser Haus. Ich fürchte, dass er sich üble Gewohnheiten angeeignet hat und seine Nächte in schlechter Gesellschaft verbringt, vielleicht beim Glücksspiel oder beim Trinken mit den Frauen der Blumenboote.“ Doch der Hochkommissar erwiderte: „Nein! Daran ist nicht zu denken. Ich habe niemals böse Züge bei Eurem Jungen beobachtet, und es gibt in unserer Gegend weder Tavernen noch Blumenboote und auch keine anderen Orte der Ausschweifung. Zweifellos hat Ming-Y irgendeinen liebenswürdigen Freund seines Alters gefunden, mit dem er seine Abende verbringt, und er hat mir nur deshalb die Unwahrheit gesagt, weil er fürchtete, ich würde ihm sonst nicht erlauben, mein Haus zu verlassen. Ich bitte Euch, sprecht mit ihm nicht darüber, bis ich versucht habe, dieses Geheimnis zu lüften. Noch heute Abend werde ich meinen Diener beauftragen, ihm zu folgen und zu beobachten, wohin er geht.“

Pelou stimmte dem Vorschlag bereitwillig zu und versprach, Tchang am nächsten Morgen wieder zu besuchen. Dann kehrte er in sein Haus zurück.

Am Abend, als Ming-Y das Anwesen seines Herrn verließ, folgte ihm ein Diener unbeobachtet in einiger Entfernung. Doch als er den dunkelsten Abschnitt der Straße erreichte, verschwand der junge Mann so plötzlich, als hätte ihn die Erde verschluckt. Nachdem er lange vergeblich nach ihm gesucht hatte, kehrte der Hausangestellte verwirrt um und berichtete Tschang, was geschehen war. Dieser schickte sofort einen Gesandten zu Pelou.

In der Zwischenzeit betrat Ming-Y das Gemach seiner Angebeteten und war überrascht und zutiefst betrübt, sie weinend zu sehen. „Geliebter", schluchzte sie und schlang ihre Arme um seinen Hals, „wir werden für immer getrennt werden, aus Gründen, die ich dir nicht nennen kann. Ich wusste von Anfang an, dass es so kommen würde, doch als es soweit war, schien mir der plötzliche Verlust so unerwartet zu sein, dass ich nicht anders konnte, als in Tränen auszubrechen! Nach dieser Nacht werden wir uns nie wieder sehen, Geliebter, und ich weiß, dass Ihr mich nicht vergessen könnt, solange Ihr lebt. Aber ich weiß auch, dass Ihr ein großer Gelehrter sein werdet, dass man Euch mit Ehren und Reichtümern überhäufen wird, und dass Euch eine schöne und liebevolle Frau über meinen Verlust trösten wird. Und nun lasst uns nicht mehr von Trauer sprechen, sondern lasst uns diesen letzten Abend freudig verbringen, damit die Erinnerung an mich nicht schmerzlich ist und ihr Euch eher an mein Lachen als an meine Tränen erinnert."

Sie wischte die glänzenden Tropfen aus ihrem Gesicht. Bei Wein und Musik, die vom Wohlklang der sieben seidenen Saiten getragen war, ließ sie nicht zu, dass Ming-Y auch nur einen Augenblick von der bevorstehenden Trennung sprach. Und sie sang ihm ein altes Lied über die Stille der Sommerseen, in denen sich nur das Blau des Himmels spiegelt, und auch über das Herz, das Ruhe findet, bevor die Wolken der Sorge und des Schmerzes seine friedliche Welt verdunkeln. Bald vergaßen sie ihren Kummer in der Freude an Gesang und Wein, und so erscheinen Ming-Y diese letzten Stunden himmlischer als selbst die euphorischen Stunden ihrer ersten Glückseligkeit.

Doch als die gelbe Pracht des Morgens kam, kehrte die Traurigkeit zurück, und sie lagen sich weinend in den Armen. Sie begleitete ihren Geliebten ein letztes Mal zu den Terrassenstufen. Als sie ihn zum Abschied küsste, drückte sie ihm ein Abschiedsgeschenk in die Hand: ein kleines Pinselkästchen aus Achat, wunderschön ziseliert und eines großen Dichters würdig. Und unter tausend Tränen trennten sie sich für immer.

Ming-Y wollte nicht wahrhaben, dass die Trennung endgültig war. „Nein“, dachte er, „schon morgen werde ich sie wieder besuchen, denn ich kann nicht mehr ohne sie leben. Ich bin sicher, dass sie mich nicht zurückweisen wird.“ Das waren die Gedanken, die ihm durch den Kopf gingen, als er das Haus von Tschang erreichte, wo sein Vater und sein Gönner ihn bereits auf der Veranda erwarteten. Noch bevor er etwas sagen konnte, ergriff Pelou das Wort: „Sohn, an welchem Ort hast du deine Nächte verbracht?“

Als Ming-Y realisierte, dass seine Lügen durchschaut waren, wagte er nicht zu antworten und blieb beschämt und schweigend mit gesenktem Kopf vor seinem Vater stehen. Pelou schlug den Jungen heftig mit einem Stock und forderte ihn auf, das Geheimnis preiszugeben. Schließlich, teils aus Angst vor seinen Eltern, teils aus Angst vor dem Gesetz, das besagt, dass „der Sohn, der sich weigert, seinem Vater zu gehorchen, mit hundert Bambushieben bestraft werden soll“, erzählte Ming-Y zögernd die Geschichte seiner Liebe.

Tschang stieg bei der Erzählung des jungen Mannes die Röte der Erregung ins Gesicht. „Seid gewiss“, rief der Hohe Kommissar, „ich habe keinen Verwandten namens Ping, ich habe nie von der Frau gehört, die Ihr beschreibt, und ich habe auch nie von dem Haus gehört, von dem Ihr sprecht. Aber ich glaube auch, dass Ihr es nicht wagen würdet, Pelou, Euren verehrten Vater, zu belügen. Die ganze Angelegenheit erscheint mir wie eine seltsame Wahnvorstellung.“

Dann holte Ming-Y die Geschenke hervor, die Sië ihm gemacht hatte: den Löwen aus gelber Jade, den Pinselkasten aus geschnitztem Achat und einige Originalkompositionen, die die wunderschöne Frau selbst angefertigt hatte. Nun war auch Pelou, wie Tschang, zutiefst erstaunt. Die beiden realisierten, dass der Pinselkasten aus Achat und der Löwe aus Jade wie Gegenstände aussahen, die jahrhundertelang in der Erde begraben gelegen hatten, und dass sie von einer Kunstfertigkeit waren, die kein lebender Mensch nachahmen konnte, während die Kompositionen sich als wahre Meisterwerke der Poesie erwiesen, geschrieben im Stil der Dichter der Thang-Dynastie.

„Mein Freund Pelou“, rief der Hochkommissar, „lasst uns unverzüglich mit Eurem Sohn zu dem Ort gehen, an dem er diese wundersamen Dinge erhalten hat, um ihr Geheimnis zu ergründen. Ming-Y sagt zweifellos die Wahrheit, doch seine Geschichte entzieht sich meinem Verständnis.“ Und alle drei machten sich auf den Weg zu dem Haus, in dem Sië wohnte.

Doch als sie den schattigsten Teil des Weges erreicht hatten, wo der Duft am süßesten und die Moose am grünsten waren und die Früchte des wilden Pfirsichbaums am rosigsten leuchteten, stieß Ming-Y beim Blick durch das Gehölz einen Schrei des Entsetzens aus. Wo sich das azurblaue Ziegeldach zum Himmel erhoben hatte, war nur noch die blaue Leere der Luft, wo die grüngoldene Fassade gewesen war, sah man nur noch das Leuchten der Blätter im goldenen Herbstlicht, und wo sich die breite Terrasse erstreckt hatte, war nur noch eine Ruine, ein Grabmal, das so alt und so tief von Moos zerfressen war, dass man den eingemeißelten Namen nicht mehr entziffern konnte. Die Heimstatt von Sië war verschwunden!

Plötzlich schlug sich der Hohe Kommissar mit der Hand auf die Stirn, wandte sich an Pelou und rezitierte den bekannten Vers des alten Dichters Tching-Kou:

„Für immer blühen die Pfirsichbäume über dem Grab von Sië-Thao."

„Verehrter Pelou", fuhr Tschang fort, „die schöne Frau, die Euren Sohn betörte, war keine andere als die, deren Grab dort in Trümmern vor uns liegt! Sagte sie nicht, sie sei mit Ping-Khang verheiratet gewesen? Es gibt keine Familie dieses Namens, aber Ping-Khang ist der Name einer Gasse in der Nachbarstadt. Alles, was sie sagte, war seltsam rätselhaft. Sie nannte sich Sië von Moun-Hiao. Es gibt keine Person mit diesem Namen, es gibt keine Straße mit diesem Namen, aber die chinesischen Zeichen Moun und Hiao ergeben zusammen das Zeichen ‚Kiao'. Hört! Die Gasse Ping-Khang, die an der Straße Kiao liegt, war der Ort, an dem die bedeutendsten Kurtisanen der Thang-Dynastie lebten! Hat sie nicht die Lieder von Kao-pien gesungen? Und steht auf dem Pinselkasten und dem Briefbeschwerer, die sie Eurem Sohn schenkte, nicht die Aufschrift: ‚echtes Kunstwerk von Kao, aus der Stadt Pho-hai'? Diese Stadt gibt es nicht mehr, aber die Erinnerung an Kao-pien bleibt, denn er war Statthalter der Provinz Sze-tchouen und ein mächtiger Dichter. Und als er im Lande Chou lebte, war seine Geliebte nicht die schöne Kurtisane Sië – Sië-Thao, die unter allen Frauen ihrer Zeit an Anmut nicht zu übertreffen war? Er war es, der ihr diese Liederhandschriften zum Geschenk machte. Er war es, der ihr diese seltenen Kunstwerke gab. Sië-Thao starb nicht, wie andere Frauen sterben. Ihre Glieder mögen zu Staub zerfallen sein, doch etwas von ihr lebt noch in diesem tiefen Wald, ihr Schatten spukt noch an diesem düsteren Ort."

Tschang sprach nicht weiter. Eine unbestimmte Angst überkam die drei Männer. Der dünne Nebel des Morgens ließ das Grün verschwimmen und verstärkte die gespenstische Schönheit des Waldes. Ein schwacher Windhauch zog vorbei und hinterließ eine Spur von Blütenduft, einen letzten Geruch sterbender Blumen, dünn wie die Seide eines vergessenen Gewandes, und als er vorbeizog, schienen die Bäume in der Stille zu flüstern: „Siё-Thao."

Aus Furcht um seinen Sohn schickte Pelou den jungen Mann unverzüglich in die Stadt Kwang-tchau-fu. Dort erlangte Ming-Y in den folgenden Jahren aufgrund seiner Talente und seiner Gelehrsamkeit hohe Würden und Ehren und heiratete die Tochter einer angesehenen Familie. Er wurde selbst zum Vater von Söhnen und Töchtern, die für ihre Tugenden und ihre Leistungen gerühmt wurden. Niemals konnte er Siё-Thao vergessen, und doch heißt es, dass er nie von ihr sprach, nicht einmal, wenn seine Kinder ihn baten, ihnen die Geschichte von zwei schönen Gegenständen zu erzählen, die immer auf seinem Schreibtisch lagen: ein Löwe aus gelber Jade und ein Pinselkasten aus geschnitztem Achat.

Die Legende von Tchi-niu

Der Klang eines Gongs, die Töne eines Liedes – des Liedes der Baumeister, die die Wohnstätten der Toten errichten:

Khiû tchî yîng-yîng.

Toû tchî hoûng-hoûng.

Tchŏ tchî tông-tông.

Siŏ liú pîng-pîng.

In den wundersamen Anmerkungen, die den Text des heiligen Buches von Laotse, das den Titel Kan-ing-p'ien trägt, begleiten, findet sich eine kurze Geschichte, die so alt ist, dass der Name desjenigen, der sie erstmals erzählte, seit tausend Jahren vergessen ist. Und doch ist sie so schön, dass sie noch immer im Gedächtnis von vierhundert Millionen Menschen lebt, wie ein Gebet, das, einmal gelernt, auf ewig in Erinnerung bleibt. Der chinesische Verfasser erwähnt weder die Stadt noch die Provinz, in der die Geschichte handelt, was selbst für ältere Überlieferungen ungewöhnlich ist. Er sagt uns nur, dass der Held der Legende Tong-Yong hieß und in der Zeit der großen Han-Dynastie vor etwa zwanzig Jahrhunderten lebte.

Tong-Yongs Mutter war gestorben, als er noch ein Säugling war. Nachdem er das neunzehnte Lebensjahr vollendet hatte, verschied auch sein Vater und ließ ihn völlig allein in der Welt zurück. Tong-Yong war nun mittellos, denn sein Vater war ein armer Mann gewesen, der all seinen Verdienst in die Erziehung des Jungen investiert und nicht eine Kupfermünze zurückgelegt hatte. Tong war zutiefst betrübt ob seiner Armut, denn es blieb ihm verwehrt, das Andenken seines Vaters angemessen zu ehren. Ihm fehlten die Mittel, um die übliche Begräbniszeremonie zu beauftragen und ein steinernes Grab an einem würdigen Ort errichten zu lassen. Arme haben nur Arme als Freunde, und so gab es unter allen, die Tong kannte, niemanden, der die Beerdigungskosten übernehmen konnte. Für den jungen Mann schien es nur einen Weg zu geben, um zu Geld zu kommen: indem er sich als Knecht an einen reichen Landwirt verkaufte. Und diesen Weg wollte er nun einschlagen.

Vergeblich bemühten sich seine Freunde, ihn davon abzubringen, obwohl sie noch versuchten, die Umsetzung seines Planes durch verlockende Versprechungen künftiger Hilfe hinauszuzögern. Tong erwiderte nur, dass er seine Freiheit lieber hundert Mal verkaufen würde, als zuzulassen, dass das Andenken seines Vaters auch nur für kurze Zeit ungeehrt bliebe. Im Vertrauen auf seine Jugend und seine Kraft beschloss er, einen hohen Preis für seine Knechtschaft anzusetzen, einen Preis, der es ihm ermöglichen würde, ein prächtiges Grabmal errichten zu lassen, einen Preis, von dem er wusste, dass er ihn wohl kaum jemals zurückzahlen konnte.

So begab sich Tang zu dem großen öffentlichen Platz, auf dem Diener und Knechte zum Verkauf angeboten wurden. Er setzte sich auf eine steinerne Bank und befestigte ein Schild an seinen Schultern, auf dem die Bedingungen seiner Knechtschaft und die Liste seiner Qualifikationen geschrieben standen. Viele, die die Schriftzeichen auf dem Schild lasen, lächelten verächtlich über den geforderten Preis und gingen wortlos weiter. Manche verweilten nur, um ihn aus purer Neugierde zu befragen. Einige lobten ihn zwar, doch andere äußerten ihren Spott wegen seiner selbstlosen Pläne und lachten über seine kindliche Pietät. So vergingen viele Stunden, und Tong hatte schon fast die Hoffnung verloren, einen Käufer für seine Arbeitskraft zu finden, als ein hoher Beamter der Provinz heranritt, ein würdevoller und stattlicher Mann, der Herr über tausend Bedienstete und Besitzer großer Ländereien war. Der Beamte zügelte sein tatarisches Pferd und brachte es zum Stehen, um das Schild zu lesen und den Wert des Knechtes zu prüfen. Er lächelte nicht, gab keine Erklärungen und stellte auch keine Fragen. Nachdem er den geforderten Preis und die feinen, kräftigen Gliedmaßen des jungen Mannes gesehen hatte, entschloss er sich ohne weitere Prüfung zum Kauf. Er befahl seinem Diener, die Summe zu zahlen und die notwendigen Papiere ausstellen zu lassen.

Dies versetzte Tong in die Lage, seinen Herzenswunsch zu erfüllen. Er wollte ein würdevolles Grab für seinen verstorbenen Vater errichten lassen, eine Erinnerungsstätte, die trotz ihrer bescheidenen Größe die Augen aller Betrachter erfreuen sollte. Und so beauftragte er talentierte Künstler und geschickte Steinmetze, um die Grabstätte zu entwerfen und auszugestalten. Noch während der Arbeiten wurden die frommen Riten vollzogen, eine Silbermünze in den Mund des Toten gelegt, die weißen Laternen an der Tür aufgehängt, die heiligen Gebete gesprochen und aus Papier gefaltete Abbilder aller Dinge, die der Verstorbene im Land der Genii brauchen konnte, im geweihten Feuer verbrannt. Geomantiker und Nekromantiker wurden beauftragt, eine Grabstätte auszuwählen, auf die kein unglückbringender Stern scheinen konnte. An einem solchen Ort der Ruhe, den kein Dämon oder Drache jemals zu stören vermochte, wurde das schöne Chih errichtet. Nachdem das Geistergeld auf den Weg gestreut worden war, verließ der Leichenzug die Wohnung des Toten. Unter Gebeten und Klagen trug man die sterblichen Überreste von Tongs gutem Vater zu Grabe.

Kurz darauf trat Tong als Knecht in den Dienst seines Herrn, der ihm eine kleine Hütte zum Wohnen zuwies. Dorthin brachte Tong jene Holztäfelchen, auf denen die Namen seiner Vorfahren geschrieben standen und vor denen er aus kindlicher Pietät täglich Gebete sprach und Weihrauch entzündete, um die zarten Pflichten des Familienkults zu erfüllen.

Dreimal hatte der Frühling das Land mit Blumen erfüllt, dreimal war das Totenfest gefeiert worden, das Siu-fan-ti, und dreimal hatte Tong das Grab seines Vaters geschmückt und Früchte und Fleisch als Opfergaben gebracht. Die Zeit der Trauer war vorüber, doch er hatte nicht aufgehört, den Verlust seiner Eltern zu beweinen. Die Jahre vergingen im Lauf der Gestirne, doch sie brachten ihm keine freudige Stunde und keinen erholsamen Tag. Doch weder beklagte er sich über seine Knechtschaft noch versäumte er es, die Riten der Ahnenverehrung zu vollziehen, solange, bis ihn ein Fieber befiel, das ihn ans Bett fesselte und die anderen Knechte glauben ließ, er sei für den Tod bestimmt. Es gab keinen, der auf ihn wartete und niemanden, der sich um ihn kümmerte, denn die Diener und Knechte waren alle mit den Pflichten des Haushalts oder der Feldarbeit beschäftigt, gingen am frühen Morgen an die Arbeit und kehrten erst nach Sonnenuntergang erschöpft zurück.

Als der kranke Tong an einem schwülen Mittag im fiebrigen Schlaf lag, träumte er, dass eine schöne unbekannte Frau neben ihm stand, sich über ihn beugte und die langen, feinen Finger ihrer wohlgeformten Hand auf seine heiße Stirn legte. Ausgelöst von ihrer kühlenden Berührung durchfuhr ihn ein seltsam süßer Schauer, und all seine Adern kribbelten wie von neuem Leben ergriffen. Verwundert öffnete er die Augen und sah wahrhaftig, wie sich das bezaubernde Wesen aus seinem Traum über ihn beugte und er wurde gewahr, dass es tatsächlich ihre Hand war, die seine pochende Stirn streichelte. Die Flamme des Fiebers war erloschen, eine wohltuende Kühle durchdrang nun jede Faser seines Körpers, und der Schauer, den er im Traum verspürt hatte, kribbelte noch immer euphorisierend in seinem Blut. Noch im selben Augenblick trafen sich die Augen der sanften Besucherin mit den seinen, und er sah, dass sie außerordentlich schön waren und unter den wie Schwalbenflügel geschwungenen Brauen wie prächtige schwarze Juwelen leuchteten. Doch ihr ruhiger Blick schien durch ihn hindurchzugehen, wie Licht durch einen Kristall, und eine große Ehrfurcht überkam ihn, so dass er die Frage, die ihm auf den Lippen lag, nicht auszusprechen wagte. Dann lächelte sie, während sie ihn noch immer zärtlich berührte, und sagte: „Ich bin gekommen, um dir die Kraft zurückzugeben und deine Frau zu werden. Steh auf und sprich mit mir die Gebete."

Ihre klare Stimme war so wohlklingend wie der Gesang eines Vogels, doch in ihrem Blick lag eine gebieterische Macht, der Tong nicht zu widerstehen wagte. Er erhob sich von seiner Ruhestätte und realisierte, dass er wieder voll zu Kräften gekommen war, aber die kühle, schlanke Hand, die die seine hielt, führte ihn so schnell fort, dass er kaum Zeit zum Staunen hatte. Er hätte Jahre seines Lebens gegeben, um den Mut aufzubringen, von seinem Elend zu sprechen und zu erklären, dass er nicht in der Lage war, eine Frau zu ernähren, doch etwas Unwiderstehliches in den langen dunklen Augen seiner Begleiterin verbot ihm, das Wort zu ergreifen. Als ob ihr wundersamer Blick seine innersten Gedanken erkannt hätte, sagte sie mit klarer Stimme: „Ich werde für dich sorgen." Da errötete er vor Scham bei dem Gedanken an sein erbärmliches Aussehen und seine zerschlissene Kleidung, aber er bemerkte, dass auch sie ärmlich gekleidet war, wie eine Frau aus dem Volk. Sie trug keinen Schmuck und nicht einmal Schuhe an den Füßen. Und ehe er noch antworten konnte, standen sie vor den Ahnentafeln, wo die Frau mit ihm niederkniete, um zu beten. Mit einem Becher Wein, von dem er nicht wusste, wer ihn gebracht hatte, gelobten sie sich ewige Treue und beteten gemeinsam zu den Göttern. So wurde sie seine Frau.

Es blieb eine rätselhafte Heirat, denn weder an diesem Tag noch später wagte es Tong, sich bei seiner Frau nach dem Namen ihrer Familie zu erkundigen, oder nach dem Ort, aus dem sie stammte. Und so konnte er keine der neugierigen Fragen beantworten, die ihm die anderen Knechte stellten. Die Frau sprach niemals über sich selbst. Nur ihren Namen, Tschi, offenbarte sie ihrem Mann. Wenn ihre Augen auf ihn gerichtet waren, erstarrte Tong vor Ehrfurcht, wie jemand, der keinen eigenen Willen mehr hatte. Dennoch liebte er sie unsagbar, und der Gedanke an seine Leibeigenschaft konnte ihn seit der Stunde seiner Heirat nicht mehr belasten. Wie durch Zauberei hatte seine kleine Wohnung eine Wandlung erfahren. Das Elend wurde mit reizenden Objekten aus Papier überdeckt, mit zierlichen Dekorationen, die durch jene hübsche Gaukelei, deren Geheimnis nur die Frauen kennen, aus dem Nichts geschaffen wurden.

Jeden Morgen bei Sonnenaufgang fand der junge Ehemann ein gut zubereitetes und reichhaltiges Mahl vor, und auch am Abend, wenn er zurückkehrte. Den ganzen Tag saß die Frau an ihrem Webstuhl und fertigte Seidenstoffe, so schön, wie man sie in dieser Gegend noch nie zuvor gesehen hatte. Denn während sie der Arbeit nachging, floss die Seide aus dem Webstuhl wie ein langsamer Strom aus glänzendem Gold. Auf den Wellen des Stoffes erschienen seltsame Farben von Violett, Karmesin und Juwelengrün und Formen von geisterhaften Reitern auf Pferden, gespenstischen Wagen, die von Drachen gezogen wurden, und von Fahnen aus Wolkenschleiern. Im Bart eines jeden Drachens schimmerte die mystische Perle, und im Helm der Reiter funkelten Edelsteine. Jeden Tag produzierte Tschi große Mengen solch gemusterter Seide, und der Ruhm ihrer Webkunst verbreitete sich rasch. Von nah und fern strömten die Menschen herbei, um die wunderbare Arbeit zu sehen. Die Seidenhändler aus den großen Städten hörten davon und schickten Boten herbei, um Tschi zu bitten, für sie zu weben und die Geheimnisse ihrer Kunst zu offenbaren. Doch als sie um Unterrichtung baten, lachte Tschi nur und sagte: „Es ist unmöglich, Euch meine Kunst zu lehren, denn keiner von Euch hat solche Fingerfertigkeiten wie ich.“ In der Tat konnte niemand die Bewegungen ihre Finger wahrnehmen, wenn sie webte, genauso wenig wie man die Flügel einer Biene sehen kann, wenn sie im schnellen Flug vibrieren.

Die Jahreszeiten vergingen, und Tong fehlte es an nichts, so gut erfüllte seine liebreizende Frau ihr Versprechen: „Ich werde für dich sorgen“. Die von den Seidenhändlern mitgebrachten Barren aus glänzendem Silber stapelten sich immer höher in der großen geschnitzten Truhe, die Tschi zur Aufbewahrung des Hausrats gekauft hatte.

Eines Morgens schließlich, als Tong sein Frühstück eingenommen hatte und sich auf den Weg zu den Feldern machen wollte, forderte Tschi ihn unerwartet auf zu bleiben. Sie öffnete die große Truhe und holte ein Dokument heraus, das in den offiziellen Schriftzeichen namens Li-shu geschrieben war. Als Tong es sah, schrie er auf und sprang vor Freude in die Luft, denn es war die Urkunde über seine Freilassung. Tschi hatte die Freiheit ihres Mannes heimlich mit dem Erlös ihrer wunderbaren Seidenstoffe erkauft!

„Du sollst nicht länger für irgendeinen Herrn arbeiten", sagte sie, „sondern nur noch für dich selbst. Und ich habe auch dieses Haus gekauft, mit allem, was darin ist, und die Teefelder im Süden und die Maulbeerhaine in der Nähe – das alles gehört nun dir."

Außer sich vor Dankbarkeit wollte Tong sich vor ihr niederwerfen, doch sie ließ es nicht zu.

So wurde er frei, und mit der Freiheit kam der Wohlstand. Alles, was er der heiligen Erde gab, wurde ihm um ein Vielfaches zurückgegeben. Seine Diener liebten ihn und verehrten die schöne Tschi, die so ruhig und doch so freundlich zu allen war. Der Seidenwebstuhl blieb bald ungenutzt, denn Tschi gebar einen Sohn, der so schön war, dass Tong vor Freude weinte, als er ihn sah, und von da an widmete sich die Frau ganz der Sorge um das Kind.

Schon bald zeigte sich, dass der Junge, wie seine Mutter, über außergewöhnliche Fähigkeiten verfügte. Bereits im dritten Monat konnte er sprechen, im siebten Monat war er in der Lage, die Regeln der Weisen auswendig zu lernen und die heiligen Gebete zu sprechen, vor dem elften Monat konnte er den Schreibpinsel mit Geschick benutzen, um die Gebote des Laotseu in wohlgeformten Zeichen niederzuschreiben. Die Priester der Tempel kamen, um ihn zu sehen und sich mit ihm zu unterhalten, und sie staunten über die Anmut des Kindes und die Weisheit seiner Worte. Sie segneten Tong und sagten: „Dein Sohn ist ein Geschenk des Großmeisters des Himmels, ein Zeichen, dass die Unsterblichen dich lieben. Mögen deine Augen hundert glückliche Sommer erblicken!"

Es war in der Zeit des elften Mondes, die Blumen waren verblüht, der Duft des Sommers verflogen, die Winde wurden kühl, und in Tongs Haus brannte das Abendfeuer. Lange saß der Mann mit seiner Frau an der wärmenden Glut. Oft sprach er von seinen Hoffnungen und Wünschen, von seinem Sohn, der ein so bedeutender Mann werden sollte, und von seinen vielen Plänen, während sie, die wenig sagte, seinen Worten lauschte und ihre wunderbaren Augen mit einem antwortenden Lächeln auf ihn richtete. Nie zuvor war sie so schön gewesen, und Tong, der ihr Gesicht betrachtete, merkte nicht, wie die Nacht schwand, wie das Feuer niederbrannte und wie der Wind in den blattlosen Bäumen sang.

Plötzlich stand Tschi auf, ohne ein Wort zu sagen, nahm seine Hand in die ihre und führte ihn sanft wie an jenem seltsamen Hochzeitsmorgen zu der Wiege, in der ihr Junge schlief und mit einem Lächeln im Gesicht vor sich hinträumte. In diesem Augenblick überkam Tong dieselbe Furcht wie damals, als er zum ersten Mal in Tschis Augen geblickt hatte, jene unbestimmte Furcht, die von Liebe und Vertrauen beruhigt, aber nie ganz vertrieben worden war, wie die Furcht vor den Göttern. Und ganz unbewusst, wie jemand, der dem Druck mächtiger unsichtbarer Hände nachgibt, verneigte er sich tief und kniete nieder, wie vor einer Gottheit. Als er seine Augen zu ihrem Antlitz erhob, schloss er sie sogleich in Ehrfurcht, denn seine Frau ragte vor ihm auf, höher als jede sterbliche, und um sie war ein Glanz wie von Sonnenstrahlen, und das Licht, das von ihren Gliedmaßen ausging, schien durch ihre Gewänder hindurch. Ihre süße Stimme erreichte ihn mit der Zärtlichkeit früherer Stunden, als sie zu ihm sprach: „Sieh, mein Geliebter, der Moment ist gekommen, an dem ich dich verlassen muss, denn ich war nie von sterblicher Geburt, und ein immaterielles Wesen kann nur eine gewisse Zeit Gestalt annehmen. Doch hinterlasse ich dir das Unterpfand unserer Liebe, diesen schönen Sohn, der dir immer so treu und lieb sein wird, wie du es mir warst. Wisse, mein Geliebter, dass ich dir vom Großmeister des Himmels gesandt wurde als Belohnung für die kindliche Pietät, die du deinen Eltern erwiesen hast. Nun muss ich zur Herrlichkeit seines Hauses zurückkehren. Ich bin die Göttin Tchi-Niu."

Noch während sie die letzten Worte sprach, verschwand das helle Leuchten, und als Tong die Augen wieder öffnete, wusste er, dass sie für immer gegangen war, geheimnisvoll wie die Winde des Himmels, unwiderruflich wie das Licht einer erloschenen Flamme. Doch alle Türen waren verriegelt und die

Fenster ungeöffnet. Noch immer schlief das Kind und lächelte im Schlaf. Draußen schwand die Dunkelheit, der Morgen dämmerte, die Nacht war vorbei. Mit majestätischer Pracht öffnete der Osten seine hohen goldene Tore für die Ankunft der Sonne. Erleuchtet von ihrem Glanz stiegen die Dämpfe des Morgens auf, in wunderbaren Formen und wechselnden Farben, so unheimlich schön, wie die seidenen Träume, die dem Webstuhl von Tschi-Niu entsprungen waren.

Die Rückkehr des Yen-Tchin-King

Vor mir lief, wie ein Vorbote, der Führer des Mondes,
Und der Geist des Windes folgte mir nach, seinen Flug beschleunigend.

Li-Sao

Im achtunddreißigsten Kapitel des heiligen Buches Kan-ing-p'ien, in dem die Unsterblichkeit als Lohn für eine Lebensleistung thematisiert wird, findet sich die Legende von Yen-Tchin-King. Tausend Jahre sind seit dem Tod des guten Tchin-King vergangen, denn es war in der großen Zeit der Thang, als er lebte und starb.

In jenen Tagen, als Yen-Tchin-King das Amt des obersten Richters an einem der sechs kaiserlichen Gerichtshöfe ausübte, erhob ein gewisser Li-hi-lié, ein Soldat, der mit Macht für das Böse eintrat, das schwarze Banner der Revolte und zog die Millionen der nördlichen Provinzen in einer Flut der Zerstörung hinter sich her. Als der Sohn des Himmels dies erfuhr, befahl er Tschin-King, Hi-lié aufzusuchen, um den Rebellen zur Pflicht zu rufen, und dem Volk, das diesem in der Revolte folgte, ein Schreiben des Kaisers zu verlesen, in dem er die Menschen zurechtwies und vor unrechten Taten warnte, denn der Herrscher wusste, dass Hi-lié der skrupelloseste aller Männer war, der nichts auf der Erde respektierte außer Furchtlosigkeit. Tschin-King war im ganzen Land für seine Weisheit, Rechtschaffenheit und Furchtlosigkeit berühmt. Der Sohn des Himmels war davon überzeugt, wenn überhaupt jemand befähigt sein sollte, bei Hi-lié Gehör zu finden, so war dies der treue und standhafte Tschin-King. So kleidete sich Tschin-King in sein Amtsgewand, brachte das Haus in Ordnung, bestieg sein Pferd, nachdem er sich von Frau und Kindern verabschiedet hatte, und ritt allein in das tosende Lager der Rebellen, den Brief des Kaisers an seiner Brust tragend. „Ich werde wiederkommen, fürchtet Euch nicht“, waren die letzten Worte an seinen alten Diener, der seinen Herrn von der Terrasse aus beobachtete, während er davonritt.

Tschin-King stieg von seinem Pferd, betrat das Lager der Rebellen und stand schließlich, nachdem er eine mächtige Ansammlung von Kriegern durchquert hatte, vor Hi-lié. Hoch saß der Rebell inmitten seiner Offiziere, umgeben von blitzenden Schwertern und dem Donnern zehntausender Gongs. Über ihm wogten die seidenen Schwingen des Schwarzen Drachen, während ein gewaltiges Feuer züngelnd vor ihm aufstieg. Tchin-King sah, dass die Zungen des Feuers an menschlichen Gebeinen leckten und dass die Schädel der Toten in der Asche schwärzten. Doch er fürchtete sich nicht, in das Feuer oder in die Augen von Hi-lié zu blicken. Er zog die Rolle aus duftender gelber Seide, auf der die Worte des Kaisers geschrieben waren, aus seinem Gewand, küsste sie und machte sich bereit, die Botschaft des Kaisers zu verlesen, während die Menge verstummte. Dann begann er mit kräftiger, klarer Stimme:

„Die Worte des göttlichen Kaisers, des Sohnes des Himmels, des großen Ko-Tsu-Tchin-Yao-ti, an den Rebellen Li-Hi-lié und an die, die ihm folgen."

Aus der Menge erhob sich ein Gebrüll wie das Tosen des Meeres, ein Gebrüll der Wut, ein fürchterlicher Kampfschrei wie das Stöhnen der Bäume im Sturm: „Hoo! hoo-oo-oo-oo!" Die Schwerter blitzen und der Donner der Gongs erschütterte den Boden unter den Füßen des Gesandten. Doch Hi-lié schwenkte seinen vergoldeten Stab und sogleich kehrte Ruhe ein. „Nein!", sprach der Anführer der Rebellen, „lass den Hund bellen!" Also las Tschin-King weiter:

„Weißt du nicht, du unbesonnener und törichter Mensch, dass du das Volk geradewegs in das Maul des Drachens der Zerstörung führst? Weißt du nicht auch, dass die Angehörigen meines Volkes die Kinder des Herrn des Himmels sind? Es steht geschrieben, dass derjenige, der Leid und Tod über die Menschen bringt, das Recht auf sein eigenes Leben verwirkt! Du, der du die Gesetze der Weisen missachtest, die Gesetze, auf deren Befolgung allein Glück und Wohlstand beruhen, du begehst das größte aller Verbrechen, ein Verbrechen, das niemals vergeben wird! Und ihr, Angehörige meines Volkes, glaubt nicht, dass ich euch als euer Kaiser und Vater ins Verderben führen werde. Ich will nur euer Glück, euren Wohlstand und eure Größe. Lasst nicht zu, dass eure Torheit die Strenge des himmlischen Vaters provoziert. Folgt nicht dem Wahnsinn und der blinden Wut, sondern hört auf die weisen Worte meines Gesandten."

„Hoo! hoo-oo-oo-oo-oo!", brüllte das Volk mit wachsender Wut. „Hoo! hoo-oo-oo-oo!" reflektierten die Berge den Schrei wie das Grollen eines Taifuns. Und noch einmal lähmte das Dröhnen der Gongs Stimme und Gehör. Da sah Tchin-King, dass Hi-lié lachte und er wusste, dass die Worte des Briefes nicht weiter Gehör finden würden. Dennoch las er bis zum Ende, ohne sich umzuschauen, entschlossen, seinen Auftrag zu erfüllen, soweit es in seiner Macht stand. Nachdem er alles vorgelesen hatte, wollte er Hi-lié den Brief geben. Doch dieser streckte seine Hand nicht aus, um ihn entgegenzunehmen. Deshalb steckte Tschin-King ihn wieder in sein Gewand, verschränkte die Arme und sah Hi-lié ruhig ins Gesicht. Wieder schwenkte der Anführer der Rebellen seinen vergoldeten Stab, und das Gebrüll verstummte, ebenso wie das Dröhnen der Gongs, bis nur noch das Flattern des Drachenbanners zu hören war. Dann sprach Hi-lié mit einem bösen Grinsen im Gesicht.

„Tschin-King, du Hundesohn, wenn du jetzt nicht den Treueeid leistest, dich vor mir verbeugst und mich mit dem Gruß der Kaiser grüßt, mit dem Luhkao, dem dreifachen Kniefall, dann sollst du in das lodernde Feuer geworfen werden."

Tschin-King jedoch wandte dem Usurpator den Rücken zu und verneigte sich einen Augenblick, um Himmel und Erde anzubeten. Dann erhob er sich rasch, bevor jemand Hand an ihn legen konnte, sprang in die gewaltigen Flammen und blieb dort stehen, mit verschränkten Armen wie ein Gott.

Da sprang Hi-lié erstaunt auf und rief seine Männer herbei, die Tchin-King dem Feuer entrissen und mit ihren nackten Händen die Flammen aus seinem Gewand schlugen, voller Bewunderung für sein mutiges Handeln. Sogar Hi-lié selbst stieg von seinem Stuhl herab und sprach: „Tchin-King, ich sehe, dass du ein tapferer, aufrichtiger Mann bist und aller Ehren wert. Setz dich zu uns, lass dich bewirten und werde Teil unserer Bewegung!"

Doch Tschin-King, der seinen Gegenüber unbeirrt ansah, antwortete mit einer Stimme, die so klar war wie der Klang einer mächtigen Glocke:

„Niemals, Hi-lié, werde ich etwas aus deiner Hand annehmen, außer dem Tod, solange du dich auf dem Pfad der Torheit und des Zorns bewegst. Und niemals wird man sagen können, dass Tchin-King sich unter Rebellen und Verrätern, unter Mördern und Räubern niedergelassen hat."

Da erschlug ihn Hi-lié in einem Anfall von Wut mit seinem Schwert. Tschin-King stürzte zu Boden und starb, wobei er selbst im Angesicht des Todes noch versuchte, sein Haupt nach Süden zu neigen, zum kaiserlichen Palast, zum Aufenthaltsort seines geliebten Herrn.

Noch zur selben Stunde wurde der Sohn des Himmels, der sich allein in der inneren Kammer seines Palastes aufhielt, einer Gestalt gewahr, die sich vor seinen Füßen niederwarf. Als diese sich erhob, erkannte der Kaiser, dass es Tschin-King war. Noch bevor der Herrscher seinen Gesandten befragen konnte, ergriff dieser das Wort und sprach mit vertrauter Stimme:

„Sohn des Himmels, die mir anvertraute Aufgabe habe ich erfüllt. Euer Befehl wurde im Rahmen der bescheidenen Fähigkeiten Eures unterwürfigen Dieners ausgeführt. Doch nun muss ich gehen, damit ich in den Dienst eines anderen Herrn treten kann."

Als der Kaiser genau hinschaute, erkannte er, dass die goldenen Tiger an der Wand des Raumes durch die Gestalt des Tschin-King hindurch zu sehen waren, und er spürte eine seltsame Kälte, die wie ein Winterwind durch das Gemach zog, während die Erscheinung verschwand. Da wusste der Kaiser, dass der Herr, von dem sein treuer Diener gesprochen hatte, niemand anders war als der Herr des Himmels.

Zur gleichen Stunde sah der alte Diener den Richter Tschin-King durch die Gemächer seines Anwesens gehen. Der Hausherr lächelte, wie er es immer tat, wenn er sah, dass alles so war, wie er es wünschte. „Geht es Euch gut, mein Herr?", fragte der alte Mann. Und eine Stimme erwiderte: „Alles ist gut", doch Tchin-Kings Erscheinung war bereits verschwunden, bevor die Antwort zu hören war.

Und so kämpften die Armeen des Himmelssohnes mit den Aufständischen. Das Land wurde mit Blut getränkt und mit Feuer geschwärzt. Die Leichen ganzer Völkerschaften wurden von den Flüssen hinfort getragen, um die Fische des Meeres zu ernähren. Der Krieg dauerte noch viele lange Jahre an. Dann kamen dem Sohn des Himmels die Horden zu Hilfe, die in den unwirtlichen Weiten des Westens und des Nordens wohnen – ein Volk wilder Bogenschützen, geborene Reiter, jeder von ihnen fähig, einen zweihundertpfündigen Bogen bis zu den Ohren zu spannen. Wie ein Wirbelwind kamen sie über die Rebellen und ließen in einem Sturm des Todes Pfeile mit Rabenfedern regnen. Sie siegten über Hi-lié und seine Leute. Diejenigen, die die zerstörerische Schlacht überlebt hatten, unterwarfen sich und versprachen Treue. Das Gesetz der Rechtschaffenheit war wiederhergestellt. Doch Tchin-King war schon seit vielen Sommern tot.

Der Sohn des Himmels forderte die siegreichen Generäle auf, die Gebeine seines treuen Dieners mitzubringen, um sie in allen Ehren zu bestatten, in einem Mausoleum, das durch kaiserlichen Erlass errichtet worden war. So machten sich die höchsten Offiziere des himmlischen Kaisers auf die Suche nach dem namenlosen Grab des Richters. Al sie es fanden, ließen sie die Erde abtragen und bereiteten die Überführung des Sarges vor. Doch dieser zerfiel vor ihren Augen zu Staub, denn die Würmer hatten ihn angefressen, und die hungrige Erde sein Holz verwittert, so dass nur eine schwache Hülle übrigblieb, die bei der leisesten Berührung zusammenbrach. Und siehe da, als der Sarg verschwunden war, sahen alle die vollkommen erhaltene Gestalt des guten Tchin-King dort liegen. Weder hatte die Fäulnis ihn befallen, noch die Würmer seine Ruhe gestört. Und so war die Blüte des Lebens nicht aus seinem Gesicht gewichen. Wie er so dalag, schien er nur zu träumen, schön wie am Morgen seiner Hochzeit und lächelnd, wie die Statuen der Heiligen lächeln, mit geschlossenen Augenlidern, im Schatten der großen Pagoden.

Dann sprach ein Priester, der am Grabe stand: „O meine Kinder, dies ist ein Zeichen des himmlischen Herrschers. Auf diese Weise dienen die überirdischen Mächte denen, die auserwählt sind, den Unsterblichen gleichgestellt zu werden. Der Tod kann ihrer nicht habhaft werden und das Verderben nicht über sie kommen. Wahrlich, der gesegnete Tchin-King hat seinen Platz unter den Göttern des Himmels eingenommen!"

Dann brachten sie Tschin-King zurück in seine Heimatstadt und legten seinen Körper mit höchsten Ehren in das Mausoleum, das auf Befehl des Kaisers errichtet worden war. Und dort schläft er nun, unangreifbar für alle Zeiten, gekleidet in seine Staatsgewänder. Auf seinem Grabmal sind die Symbole seiner Größe, seiner Weisheit und seiner Tugend, die Zeichen seines Amtes und die vier Kostbarkeiten eingemeißelt. Die steinernen Drachen beschützen ihn als heilige Symbole und die unheimlichen Hunde von Fo halten Wache, wie vor den Tempeln der Götter.

Der Ursprung der Teepflanze

Sang ein chinesisches Herz vor vierzehnhundert Jahren:

Es gibt jemanden, an den ich denke.
Weit weg gibt es jemanden, an den ich denke.
Hundert Meilen von Bergen liegen zwischen uns.
Und doch scheint auf uns derselbe Mond,
und der vorbeiziehende Wind umweht uns beide.

„Gut ist die Enthaltsamkeit des Auges.
Gut ist die Enthaltsamkeit des Ohrs.
Gut ist die Enthaltsamkeit der Nasenlöcher.
Gut ist die Enthaltsamkeit der Zunge.
Gut ist die Enthaltsamkeit des Körpers.
Gut ist die Enthaltsamkeit der Sprache.
Gut ist alles..."

Wieder stieg der Vogel der Versuchung in den höchsten Himmel seiner Kontemplation auf und brachte seine Seele hinunter, hinunter, taumelnd und flatternd, zurück in die Welt der Illusionen. Wieder ließ die Erinnerung seine Gedanken vernebeln, wie der Duft einer giftigen Blume. Doch er hatte die Bajadere nur einen Augenblick lang gesehen, als er auf seinem Weg nach China durch Kasí fuhr, zu dem gewaltigen Reich der Seelen, die nach dem Labsal durch Buddhas Lehre dürsteten, wie sonnenverbrannte Felder nach dem lebensspendenden Regen.

Als sie ihn rief und ihr kleines Geschenk in seine Bettelschale fallen ließ, hatte er zwar den Fächer vor sein Gesicht gehoben, doch nicht schnell genug, und die Strafe für diesen Fehler verfolgte ihn tausend Meilen weit, verfolgte ihn sogar bis in das fremde Land, in das er gekommen war, um die Worte des universellen Lehrers zu hören. Verfluchte Schönheit! Ganz bestimmt wurdest du vom ärgsten Versucher, von Mara selbst erdacht, um den Gerechten das Verderben zu bringen! In weiser Voraussicht hatte Bhagavat seine Jünger gewarnt: „O ihr Çramanas, werft kein Auge auf die Frauen! Und wenn ihr zufällig auf eine trefft, dürft ihr nicht zulassen, dass euer Blick auf ihnen verweilt. Ihr müsst heilige Zurückhaltung üben und dürft keinesfalls mit ihnen sprechen. Versäumt es nicht, eurem eigenen Herzen zuzuflüstern: ‚Seht, wir sind Çramanas, die verpflichtet sind, unbefleckt zu bleiben von den Verunreinigungen dieser Welt, so wie der Lotos, der es nicht duldet, dass Schlechtes an seinen Blättern haftet, auch wenn er im Schmutz der Straßengräben blüht.'" Dann kamen ihm auch die Worte der dreiundzwanzigsten Ermahnung in den Sinn, allerdings mit einer neuen und schrecklichen Bedeutung:

„Von allen Hinwendungen zu Objekten der Begierde ist die Hinwendung zur Gestalt tatsächlich am stärksten. Glücklicherweise ist diese Leidenschaft einzigartig, denn gäbe es eine andere, die ihr gleicht, dann wäre es unmöglich, den Weg der Vollkommenheit zu gehen."

Wie sollte er, vom Blendwerk der Gestalt heimgesucht, das von ihm abgelegte Gelübde erfüllen, eine Nacht und einen Tag in vollkommener und ununterbrochener Meditation zu verbringen? Die Nacht hatte bereits begonnen! Für die kranke Seele und für den fiebernden Geist gab es keine andere Heilung als das Gebet. Als die Sonne untergegangen war, bemühte er sich zu beten:

„O Juwel im Lotos!"

„So wie die Schildkröte ihre Gliedmaßen in ihren Panzer zurückzieht, so soll ich, o Gesegneter, meine Sinne ganz in Meditation versenken!"

„O Juwel im Lotos!"

„Denn so wie der Regen das zerbrochene Dach eines seit langem unbewohnten Hauses durchdringt, so kann die Leidenschaft in die Seele eindringen, die durch Meditation unbewohnt ist."

„O Juwel im Lotos!"

„So wie stilles Wasser, in dem aller Schmutz zu Boden gesunken ist, so möge meine Seele, o Tathâgata, rein werden! Gib mir die Kraft, mich über die Welt zu erheben, o Meister, so wie der wilde Vogel sich aus dem Sumpf erhebt, um dem Weg der Sonne zu folgen!"

„O Juwel im Lotos!"

„Am Tag scheint die Sonne, in der Nacht der Mond. Der Krieger glänzt in seiner Rüstung im Kampf wie auch der Çramana in der Meditation. Doch nur der Buddha strahlt zu allen Zeiten, ob bei Nacht oder bei Tag, immer gleich, und er erleuchtet die Welt."

„O Juwel im Lotos!"

„Lass mich aufhören, o du vollkommen Erwachter, wie ein Affe den Weltenwald zu durchstreifen, ewig auf- und absteigend auf der Suche nach den Früchten der Torheit. Schnell wie die sich windenden Schlangen, gewaltig wie das Wachstum der Lianen in einem Wald sind die alles überwuchernden Pflanzen der Begierde."

„O Juwel im Lotos!"

Vergeblich sein Gebet, ach! Vergeblich auch seine Beschwörung! Die mystische Bedeutung des heiligen Textes – der Sinn des Lotos, der Sinn des Juwels – hatte sich aus den Worten verflüchtigt. Ihr monotones Aussprechen diente lediglich dazu, der Erinnerung, die ihn quälte und in Versuchung führte, auf gefährliche Weise Ausdruck zu verleihen. O Juwel in ihrem Ohr! Welche Lotosknospe ist zierlicher als die gefaltete Blume des Fleisches, aus dem das diamantene Feuer tropft! Wieder sah er es, und die Wölbung der Wange dahinter, köstlich anzuschauen wie eine herrliche braune Frucht. Wie wahr ist der vierundachtzigste Vers der Ermahnungen:

„Solange ein Mann nicht auch die kleinste Wurzel der Liane der Begierde, die seine Gedanken zu den Frauen zieht, aus seinem Herzen gerissen hat, so lange wird seine Seele gefesselt bleiben."

Und so kam ihm auch der dreihundertfünfundvierzigste Vers desselben gesegneten Buches in den Sinn, der die Fesseln betrifft:

„In Fesseln aus Seilen, so haben weise Lehrer gesagt, ist keine Kraft, auch nicht in Fesseln aus Holz und auch nicht in Fesseln aus Eisen. Viel stärker als alle diese sind die Fesseln der Sorge um die juwelengeschmückten Ohrringe der Frauen."

„Allwissender Gotama", rief er, „alles Sehender Tathâgata! Wie vielgestaltig ist der Trost deiner Worte, wie wunderbar dein Verständnis des menschlichen Herzens! War dies auch eine deiner Versuchungen, eine der unzähligen Illusionen, die Mara in jener Nacht vor dir ausbreitete, als die Erde wie ein Streitwagen taumelte und das heilige Beben von Sonne zu Sonne, von Planetensystem zu Planetensystem, von Universum zu Universum, von Ewigkeit zu Ewigkeit eilte?"

O Juwel in ihrem Ohr! Das Traumbild wollte nicht verschwinden! Nein, jedes Mal, wenn es seine Gedanken eroberte, schien es eine wärmere Ausstrahlung, einen zarteren Blick, eine schönere Gestalt anzunehmen, sich mit seiner Schwäche zu entwickeln, Kraft aus seiner Entkräftung zu gewinnen. Er sah die Augen, groß, klar, weich und schwarz wie die eines Rehs, die Perlen im dunklen Haar und die Perlen im rosigen Mund, die Lippen, die sich zu einem Kuss, einem Blumenkuss, wölbten, und ein Duft schien in seine Sinne zu schweben, süß, fremd, einschläfernd, ein Parfüm der Jugend, der Geruch einer Frau. Er erhob sich und sprach mit fester Entschlossenheit erneut die heilige Beschwörung und rezitierte die gesegneten Worte des Kapitels der Unbeständigkeit:

„Wenn ihr den Himmel und die Erde betrachtet, müsst ihr sagen: Sie sind nicht von Dauer. Wenn ihr auf die Berge und die Flüsse schaut, müsst ihr sagen: Sie sind nicht von Bestand. Wenn ihr die Gestalt und die Gesichter aller Wesen betrachtet und seht, wie sie wachsen und sich entwickeln, dann müsst ihr sagen: Auch sie sind nicht von Dauer."

Und doch, wie süß die Illusion! Die Illusion der großen Sonne, die Illusion der schattenwerfenden Hügel, die Illusion der Gewässer, formlos und vielgestaltig, die Illusion von – nein, nein, welch pietätlose Phantasie! Verfluchtes Mädchen! Doch, doch, warum sollte er sie verfluchen? Hatte sie jemals etwas getan, das den Fluch eines Asketen verdiente? Niemals, niemals! Nur ihre Gestalt, die Erinnerung an sie, ihr schönes Trugbild, ihr verfluchtes Trugbild! Was war sie? Eine Illusion, die Illusionen erschafft, eine Verhöhnung, ein Traum, ein Schatten, eine Eitelkeit, ein Ärgernis des Geistes! Der Fehler, die Sünde, lag in ihm selbst, in seinen rebellischen Gedanken, in seinen ungezähmten Vorstellungen. Obwohl beweglich wie Wasser, ungreifbar wie Dampf, kann der Gedanke dennoch durch den Willen gezähmt werden, kann vor den Wagen der Weisheit gespannt werden – so muss es sein! Und er rezitierte die gesegneten Verse aus dem Buch des Weges des Gesetzes:

„Jedwede Gestalt ist nicht von Dauer." Wenn jemand diese große Wahrheit vollständig verstanden hat, dann wird er von allem Schmerz befreit. Dies ist der Weg der Läuterung.

„Jedwede Gestalt ist dem Schmerz unterworfen." Wenn jemand diese große Wahrheit vollständig verstanden hat, dann wird er von allem Schmerz befreit. Dies ist der Weg der Läuterung.

„Jedwede Gestalt ist ohne substanzielle Realität." Wenn jemand diese große Wahrheit vollständig verstanden hat, dann wird er von allem Schmerz befreit. Dies ist der Weg der...

Auch ihre Gestalt, substanzlos, unwirklich, nur eine Illusion, wenn auch die schönste aller Illusionen? Sie hatte ihm ein Almosen gegeben! War der Verdienst der Gebenden auch illusorisch, illusorisch wie die Anmut der geschmeidigen Finger, die gaben? Sicherlich gab es Geheimnisse im Abhidharma, die undurchdringlich und unverständlich sind! Es war eine goldene Münze, geprägt mit dem Symbol eines Elefanten – wohl genauso eine Illusion wie die Geschenke der Könige an Buddha! Gold auch auf ihrer Brust, weniger fein als die goldene Farbe ihrer Haut. Nackt wölbte sich ihre junge Taille glänzend und geschmeidig wie ein Bogen zwischen der seidenen Schärpe und dem schmalen Brustkorsett. Gehaltvoller das Silber in ihrer Stimme als in dem Pagalschmuck, der wie Mondlicht ihre Knöchel umstreift! Aber ihr Lächeln – die kleinen Zähne wie Blütenstempel in der duftenden Blüte ihres Mundes!

O Schwäche! O Schande! Wie konnte der starke Wagenlenker der Entschlossenheit so die Kontrolle über das wilde Gespann der Phantasie verlieren! War diese Trägheit des Willens ein Zeichen der kommenden Gefahr, der Gefahr des Dahindämmerns? So seltsam lebendig waren diese Phantasien, so klar definiert, als ob sie im Begriff waren, sichtbare Gestalt anzunehmen und sich mit fiktivem Leben zu erfüllen, um ein unheiliges Drama auf der Bühne der Träume zu spielen! „O du vollkommen Erwachter!" rief er laut, „hilf nun deinem demütigen Schüler, den gesegneten Zustand vollkommener Kontemplation zu erlangen! Lass ihn die Kraft finden, sein Gelübde zu erfüllen! Lass Mara nicht gegen ihn obsiegen!" Und er rezitierte die ewigen Verse des Kapitels der Wachsamkeit:

„Vollkommen und ewig wach sind die Schüler Gotamas! Unaufhörlich, bei Tag und Nacht, sind ihre Gedanken auf das Gesetz gerichtet."

„Vollkommen und ewig wach sind die Schüler Gotamas! Unaufhörlich, bei Tag und bei Nacht, sind ihre Gedanken auf die Gemeinschaft gerichtet."

„Vollkommen und ewig wach sind die Schüler Gotamas! Unaufhörlich, bei Tag und bei Nacht, sind ihre Gedanken auf den Körper gerichtet."

„Vollkommen und ewig wach sind die Schüler Gotamas! Unaufhörlich, bei Tag und bei Nacht, kennt ihr Geist die Süße des vollkommenen Friedens."

„Vollkommen und ewig wach sind die Schüler Gotamas! Unaufhörlich, bei Tag und bei Nacht, erfreut sich ihr Geist an dem tiefen Frieden der Meditation."

Geräusche drangen an seine Ohren, ein Raunen vieler Stimmen, das seine eigenen Äußerungen erstickte, wie tosendes Wasser. Die Sterne erloschen vor seinen Augen, der unendliche Himmel verdunkelte sich, alles wurde unsichtbar, versank in Schwärze, und das Raunen wurde lauter, wie das Rauschen einer steigenden Flut, und die Erde schien unter ihm zu versinken. Seine Füße berührten nicht länger den Boden. Ein Gefühl von übernatürlicher Beschwingtheit durchdrang jede Faser seines Körpers. Er fühlte sich in der Dunkelheit schweben, dann sank er sanft, langsam wie eine Feder, die von der Spitze eines Tempels herabfällt. War das der Tod? Nein, denn plötzlich, wie von der sechsten übernatürlichen Kraft getragen, stand er wieder im Licht, einem duftenden, schläfrigen Licht, dunstig und schön, das die wunderbaren Straßen einer indischen Stadt erhellte. Jetzt wurde ihm die Natur des Raunens klar, denn er bewegte sich mit einer gewaltigen Schar, einem Volk von Pilgern, einer Nation von Anbetenden. Aber sie teilten nicht seinen Glauben. Sie trugen auf ihren Stirnen die verschmierten Symbole obszöner Götter! Dennoch konnte er nicht aus ihrer Mitte entkommen. Der kilometerbreite Menschenstrom riss ihn unwiderstehlich mit, wie ein Blatt von den Wassern des Ganges mitgerissen wird. Rajahs waren da mit ihrem Gefolge, und Prinzen, die auf Elefanten ritten, und Brahmanen in ihren Gewändern, und Schwärme von wollüstigen Tänzerinnen, die sich zu Gesängen von Kabit und Damâri bewegten. Aber wohin, wohin? Sie gingen aus der Stadt hinaus in die Sonne, zwischen Banyan-Alleen und Palmenkolonnaden hindurch. Doch wohin, wohin?

Im blauen Licht der Ferne erschien vor ihnen ein Berg aus behauenem Stein, ein Tempel, der sich mit seinen gemeißelten Zinnen zum Himmel erhob und die goldene Gischt seiner Verzierungen nach oben schleuderte. Je näher sie kamen, desto höher wurde er, die Blautöne wechselten zu Grau, die Umrisse schärften sich im Licht. Dann wurde jede Einzelheit sichtbar: Sockel aus Elefanten, die auf steinernen Schildkröten stehen, die großen, grimmigen Fratzen der Kapitelle, die Schlangen und Ungeheuer, die sich zwischen den Friesen winden, die vielköpfigen Götter aus Basalt in ihren Nischengalerien, Reihe über Reihe, mit Darstellungen von Verdorbenheit, gemalter Begierde und den Gottheiten der Abscheulichkeit. Und am Ende des steil abfallenden skulpturengesäumten Weges, unter dem fieberhaften Gewimmel der Götter und Gopia, einer Pyramide aus ineinander verschlungenen Gliedern und Körpern, öffnete sich gähnend ein Tor, höhlenartig und schattenhaft wie das Maul von Siva, das die lebende Menge verschlang.

Der Strom der Menge zog ihn mit in die unermessliche Weite des Innenraums. Niemand schien sein gelbes Gewand zu bemerken, niemand seine Anwesenheit auch nur wahrzunehmen. Riesige Gänge kreuzten ihre Decken über ihm, Myriaden mächtiger Säulen, phantastisch geschnitzt, verschwanden in der Unsichtbarkeit hinter dem gelben Schein der Fackelfeuer. Seltsame Bilder, sonderbar sinnenfreudig, tauchten durch den Dunst des Weihrauchs auf. Kolossale Figuren, die aus der Ferne die Gestalt von Elefanten oder Garuda-Vögeln annahmen, änderten ihr Aussehen, wenn man sich ihnen näherte, und enthüllten als Geheimnis ihrer Gestaltung ein Geflecht von Frauenkörpern, während eine Gottheit auf all den monströsen Allegorien ritt – ein Gott oder ein Dämon, ewig gleich in der Wiederholung des Bildhauers, universell sichtbar, als ob er sich selbst vervielfältigte. Die riesigen Säulen selbst waren Symbole, Figuren, Sinnlichkeiten. Der orgiastische Geist dieser Form der Anbetung wohnte in der gewundenen Bronze der Laternen, dem verzierenden Gold der Becher, dem gemeißelten Marmor der Wasserbecken...

Wie weit war er bereits vorgedrungen? Er wusste es nicht. Die Reise zwischen den zahllosen Säulen, vorbei an den Armeen versteinerter Götter, durch Gassen mit flackernden Lichtern, schien ihm länger als der Zug einer Karawane, länger als seine Pilgerfahrt nach China! Doch plötzlich und unerklärlicherweise trat eine Stille ein, wie sie sonst nur auf Friedhöfen herrscht. Das Meer der Lebenden um ihn herum schien verebbt und in den Abgründen der unterirdischen Architektur versunken zu sein! Er befand sich allein in einer seltsamen Krypta vor einem muschelförmigen, flachen Becken, in dessen Mitte eine runde, kaum menschenhohe Säule stand, deren glatte, kugelförmige Spitze mit Blumen umrankt war. Darüber hingen ähnlich geformte

Lampen, die mit Palmöl gespeist wurden. Es gab keine weiteren Objekte der Verehrung, keine sichtbare Gottheit. Blumen in zahllosen Variationen lagen gehäuft auf dem Pflaster. Sie bedeckten die Oberfläche wie ein dicker, weicher Teppich und verströmten ihren Geist unter seinen Füßen. Der Duft schien in sein Gehirn einzudringen, ein Duft, der sinnlich, berauschend und unheilig war. Eine unbezwingbare Trägheit beherrschte seinen Willen, und er sank auf dem Blumenopfer hernieder.

Das Geräusch von Schritten, leicht wie ein Flüstern, näherte sich durch die tiefe Stille, mit dem einschläfernden Klang von Pagalen, einem Klimpern von Fußkettchen. Ganz plötzlich fühlte er die laue Sanftheit eines Frauenarmes um seinen Hals gleiten. Sie, sie! Seine Illusion, seine Versuchung. Aber wie verwandelt, verklärt! Übernatürlich in ihrer Lieblichkeit, unbegreiflich in ihrem Reiz! Zart wie das Blatt einer Jasminblüte schien die Wange, die die seine berührte, tief wie die Nacht, süß wie der Sommer, die Augen, die ihn ansahen. „Herzensdieb", flüsterten ihre Blumenlippen, „Herzensdieb, wie habe ich dich gesucht! Wie habe ich dich gefunden! Süßes bringe ich dir, mein Geliebter, Lippen und Brust, Frucht und Blüte. Hast du Durst? Trinke aus dem Brunnen meiner Augen! Willst du opfern? Ich bin dein Altar! Willst du beten? Ich bin dein Gott!"

Ihre Lippen berührten sich. Ihr Kuss schien die Zellen seines Blutes in Flammen zu verwandeln. Für einen Moment triumphierte die Illusion. Mara siegte!... Mit dem Schock der Gewissheit erwachte der Träumer in der Nacht, unter den Sternen des chinesischen Himmels.

Nur ein verhöhnender Traum! Aber das Gelübde war gebrochen, das heilige Ziel unerfüllt! Gedemütigt, reumütig, aber entschlossen, zog der Asket ein scharfes Messer aus seinem Gürtel, trennte mit unbeugsamen Händen die Lider von den Augen und schleuderte sie von sich. „O du vollkommen Erwachter", betete er, „dein Jünger ist durch die Schwäche seines Körpers überwältigt und sein Gelübde erneuert worden. Hier soll er verweilen, ohne Essen und Trinken, bis zum Augenblick seiner Erfüllung." Und nachdem er die hieratische Haltung eingenommen hatte – er saß mit unter sich gefalteten Gliedern und nach oben gerichteten Handflächen, die rechte auf der linken, die linke auf der Sohle seines umgewandten Fußes –, nahm er seine Meditation wieder auf.

Der Morgen dämmerte, der Tag erwachte. Die Sonne verkürzte all die Schatten des Landes, verlängerte sie wieder und sank schließlich auf einen Scheiterhaufen aus karmesinroten Wolken. Die Nacht kam, glitzerte und verging. Doch Maras Versuchungen blieben vergeblich. Diesmal wurde das Gelübde erfüllt, das heilige Ziel erreicht.

Und wieder ging die Sonne auf, um die Welt mit freudigem Licht zu erfüllen. Die Blumen öffneten ihm ihre Herzen, die Vögel sangen ihre morgendliche Hymne der Feueranbetung, der tiefe Wald erzitterte vor Wonne, und weit über der Ebene erstrahlten die Dächer der vielstöckigen Tempel und die Spitzen der Stadttürme in hellem Glanz. Gestärkt von der segnenden Kraft seines erfüllten Gelübdes erhob sich der indische Pilger in der Morgenröte. Er erschrak, als er die Hände vor die Augen hob. Was! War alles nur ein Traum? Unmöglich! Doch jetzt schmerzten seine Augen nicht mehr, sie waren auch nicht mehr lidlos, nicht einmal eine Wimper fehlte. Welches Wunder hatte er vollbracht? Vergeblich suchte er nach den sieben Lidern, die er auf den Boden geworfen hatte, sie waren auf geheimnisvolle Weise verschwunden. Aber schaut, dort, wo er sie hingeworfen hatte, wuchsen zwei wundersame Sträucher mit zierlichen, augenlidförmigen Blättchen und schneeweißen Knospen, die sich gerade nach Osten hin öffneten.

Durch die übernatürliche Kraft, die er in seiner machtvollen Meditation erlangt hatte, war es dem gesegneten Glaubensboten gegeben, das Geheimnis dieser neu geschaffenen Pflanze zu ergründen, die feine Wirkung ihrer Blätter. Und er nannte sie in der Sprache des Volkes, dem er den Lotos des Guten Gesetzes brachte, „Te“. Und er sprach zu ihr:

„Gesegnet seist du, liebliche Pflanze, wohltätig, lebensspendend, geformt durch den Geist tugendhafter Entschlossenheit! Siehe, dein Ruhm wird sich bis an das Ende der Erde verbreiten, und der Duft deines Lebens wird von allen Winden des Himmels bis in die entferntesten Gegenden getragen werden! Wahrlich, für alle Zeiten werden die Menschen, die von deinem Saft trinken, eine solche Erfrischung finden, dass weder Müdigkeit sie überwältigt, noch Trägheit sie ergreift. Weder werden sie die Verwirrung der Schläfrigkeit kennen, noch den Wunsch nach Schlaf in der Stunde der Pflicht oder des Gebets. Gesegnet seist du!“

Und noch immer steigt wie ein Schwall von Weihrauch, wie der Dunst einer universellen Opfergabe, von allen Ländern der Erde unaufhörlich der angenehme Geruch der Te-Pflanze zum Himmel auf, geschaffen zur Erquickung der Menschheit durch die Kraft eines heiligen Gelübdes, durch die Tugend eines frommen Sühneopfers.

Die Geschichte vom Porzellangott

Im Fong-ho-chin-tch'ouen steht geschrieben, dass der Künstler Thsang-Kong, wann immer zweifelte, in das Feuer des großen Ofens blickte, in dem seine Vasen brannten, und den Schutzgeist befragte, der in den Flammen wohnte. Und der Geist des Ofenfeuers half ihm mit seinen Ratschlägen so sehr, dass die von Thsang-Kong hergestellten Porzellane tatsächlich feiner und schöner anzusehen waren als alle anderen. Und sie wurden in den Jahren von Khang-hí gebrannt, der den heiligen Namen Jin Hoang-tí trug.

Wer entdeckte als Erster das Geheimnis des Kao-lings, des Pe-tun-tse, das Mysterium der Knochen und des Fleisches, des Skeletts und der Haut der wunderschönen Vase? Wer war der Erste, der den Wert des weißen Tons erkannte? Wer hat zuerst die eisklaren Quarzsteine hergestellt, aus der gesammelten Erfahrung der Berge, die vor Urzeiten gestorben sind, und dem gebleichten Staub der felsigen Knochen und dem steinigen Fleisch der sonnenhungrigen Riesen, die aufgehört haben zu existieren? Wem war es zuerst gegeben, die göttliche Kunst des Porzellanmachens zu entdecken?

Es war Pu, einst ein Mensch, jetzt ein Gott, vor dessen schneebedeckten Statuen sich heute die unzähligen Angehörigen der Töpfereizünfte verneigen. Seinen Geburtsort kennen wir nicht, denn die Überlieferung ist durch jenen schrecklichen Krieg ausgelöscht worden, der vor kurzem das Leben von zwanzig Millionen Angehörigen der schwarzhaarigen Rasse verschlang und selbst die wunderbare Stadt des Porzellans vom Antlitz der Welt tilgte, die Stadt des King-te-chin, die einst wie ein Feuerjuwel im blauen Berggürtel von Feou-liang glänzte.

Tatsächlich hat der Schutzgeist des Brennofens schon vor langer Zeit Gestalt angenommen, hervorgegangen aus der unendlichen Lebenskraft, manifestiert als Emanation des höchsten Tao. Denn Hoang-ti hatte die Menschen bereits vor fast fünftausend Jahren gelehrt, Gefäße aus gebranntem Ton herzustellen, und zu seiner Zeit kannten alle Töpfer den Gott des Ofenfeuers, und sie sprachen Gebete, während sie ihre Räder drehten. Aber Hoang-ti war schon dreimal tausend Jahre mit seinen Vätern vereint gewesen, bevor jener

Mann geboren wurde, der vom Herrn des Himmels dazu bestimmt war, zum Porzellangott zu werden.

Und sein göttlicher Geist, der stets über dem geschäftigen Treiben der rauchenden Töpfereien schwebt, gibt den Künstlern noch immer die Inspiration, die Form zu entwerfen, die Kraft, den Ton zu modellieren und das Geschick, die leuchtenden Emaillefarben aufzutragen. Denn durch seine vom Himmel gelehrte Weisheit wurden die Meisterwerke des Porzellanmachens geschaffen und durch seine Eingebung alle Wunder vollbracht, von Thao-yu, dem Schöpfer des Kia-yu-ki, und von dessen Nachfolgern.

All die azurblauen Porzellane, You-kouo-thien-tsing genannt, glänzend wie ein Spiegel, dünn wie Reispapier, tönend wie der wohlklingende Stein Khing, und gemäß dem Auftrag des Kaisers Chi-tsong gefärbt: „blau wie der Himmel nach dem Regen, wenn man ihn durch die Lücken der Wolken betrachtet". Dies waren tatsächlich die ersten aller Porzellane, auch Tchai-yao genannt, die kein Mensch, wie boshaft er auch sein mochte, zu zerbrechen wagte, denn sie bezauberten das Auge wie kostbare Juwelen.

Und das Jou-yao, das unter allen Porzellanen den zweiten Rang einnimmt, imitiert bisweilen das Aussehen und den Klang von Bronze und ist manchmal verziert mit einer Glasur, die so blau glänzt wie ein Sommergewässer und doch auch schleimig erscheint wie eine dicke Schicht von Fischlaich.

Und das Kouan-yao, das den Magistraten zugeordnet wird und an dritter Stelle aller wundersamen Porzellane steht, ist mit den Farben des Morgens verziert – Himmelblau, das vom Rosa einer prächtigen Morgendämmerung durchbrochen wird – und geschmückt mit langgliedrigen Sumpfvögeln, die der Glut entgegenfliegen.

Und das Ko-yao, das an vierter Stelle unter den vollkommenen Porzellanen steht, ist wie der Körper eines lebenden Fisches von heller, blasser, wechselnder Farbe oder beschichtet mit einer opalen Substanz, wie Milch vermischt mit Feuer, – das Werk von Sing-I, dem älteren der unsterblichen Brüder Tchang.

Und das Ting-yao, das an fünfter Stelle unter den perfekten Porzellanen steht, weiß wie das Trauergewand einer verstorbenen Gattin und prächtig verziert mit einem Rinnsal wie von Tränen, – die Porzellane, die der Dichter Son-tong-po besungen hat.

Und die Pi-se-yao genannten Porzellane, deren Farben als „verborgen“ bezeichnet werden, da sie abwechselnd unsichtbar und sichtbar sind, wie die Farben des Eises unter der Sonne, – die Porzellane, die von dem weithin bekannten Sänger Sin-in gerühmt werden.

Und das wundersame Chu-yao, das bleiche Porzellan, das einen klagenden Schrei ausstößt, wenn es angeschlagen wird, – das Porzellan, das von dem machtvollen Sänger Thou-chao-ling besungen wird.

Und die Porzellane, Thsin-yao genannt, weiß oder blau, deren Beschichtung gekräuselt erscheint, wie die Oberfläche des Wassers durch das Flattern unzähliger Flossen... Und ihr könnt die Fische sehen!

Und die Vasen namens Tsi-hong-khi, rot wie der Sonnenuntergang nach einem Regen, und die T'o-t'ai-khi, zerbrechlich wie die Flügel des Seidenspinners, dünner als die Schale eines Eies.

Und die Kia-tsing, schöne Becher, die im leeren Zustand perlweiß sind, aber durch eine unerklärliche Zauberei mit purpurnen Fischen zu wimmeln scheinen, sobald sie mit Wasser gefüllt sind.

Und die Porzellane, die Yao-pien genannt werden, deren Farbtöne durch die Alchemie des Brandes umgewandelt werden, denn sie gehen blutrot in das Feuer, werden dort eidechsengrün und kommen schließlich azurblau wie der Himmel wieder heraus.

Und die Ki-tcheou-yao, so veilchenblau wie eine Sommernacht, und die Hing-yao, mit ihrem Glanz von Silber und Schnee.

Und die Sieouen-yao, manche rötlich wie glühendes Eisen im Ofenfeuer, manche durchscheinend und rubinrot, manche körnig und gelb wie die Schale einer Orange, manche sanft gerötet wie die Haut eines Pfirsichs.

Und die Tsoui-khi-yao, rissig und grün wie altes Eis, und die Tchou-fou-yao, die Porzellane der Kaiser, mit Drachen, die sich schlängeln und winden in Gold, und jene Yao, die rosa gerippt sind, mit Rändern, gezackt wie die Scheren von Krebsen.

Und die Ou-ni-yao, schwarz wie die Pupille des Auges und ebenso glänzend, und die Hou-tien-yao, dunkelgelb wie die Gesichter der Menschen in Indien, und die Ou-kong-yao, gefärbt wie das Totengold der Herbstblätter.

Und der Long-kang-yao, grün wie der Keimling einer Erbse, aber auch verziert mit Bildern von sonnenbeschienenen Wolken und den Himmelsdrachen.

Und die Tching-hoa-yao, die mit der bernsteinfarbenen Blüte von Trauben, dem Grün von Weinblättern, der Blüte des Mohns oder mit Reliefs von kämpfenden Grillen geschmückt sind.

Und der Khang-hi-nien-ts'ang-yao, himmlischer Azur, besät mit goldenem Sternenstaub, und der Khien-long-nien-thang-yao, glänzend in Schwarz und Silber, wie eine feurige Nacht, die von Blitzen durchzuckt wird.

Nicht die Long-Ouang-yao, die mit den lasziven Pi-hi, den obszönen Nanniu-ssé-sie und den schändlichen Tchun-hoa, den „Frühlingsbildern", bemalt wurden – Abscheulichkeiten, die auf Befehl des bösen Kaisers Moutsong geschaffen wurden, obwohl der Geist des Ofens sein Gesicht verbarg und floh.

Aber alle anderen Vasen von verblüffender Form und Substanz, zauberhaft ausgeführt, mit Figuren in Relief, in Kamee oder in Transparenz verziert. Die Vasen mit Öffnungen, die wie die Kelche von Blumen gewölbt oder wie die Schnäbel von Vögeln gespalten oder wie die Kiefern von Schlangen gezahnt oder wie der Mund eines Mädchens mit rosafarbenen Lippen geschmückt sind. Die Vasen, die fleischfarben und violett geädert sind und Grübchen haben, mit Ohren und Ohrringen. Die Vasen, die Pilzen, Lotosblumen, Eidechsen und pferdefüßigen Drachen mit Frauengesichtern ähneln. Die Vasen, die seltsam durchscheinend sind und den weißen Schimmer von Reiskörnern vortäuschen, die das filigrane Muster des Frosts nachahmen und die Ausblühungen der Korallen imitieren.

Und die Porzellanstatuen der Gottheiten: Der Schutzgeist des Herdofens und die Long-pinn, die zwölf Gottheiten der Farbe. Der gesegnete Lao-tseu, der mit silbernem Haar geboren wurde. Kong-fu-tse, dem wir die Schriften der Weisheit verdanken. Kouan-in, die liebliche Göttin der Barmherzigkeit, die mit schneebedeckten Füßen auf ihrer goldenen Lilie steht. Chi-nong, der Gott, der die Menschen das Kochen lehrt. Fo, mit langen, in Meditation geschlossenen Augen und dem geheimnisvollen Lächeln der höchsten Glückseligkeit auf den Lippen. Cheou-lao, der Gott der Langlebigkeit, der auf dem Ross der Lüfte, dem weißgeflügelten Storch, reitet. Pou-t'ai, der Herr der Zufriedenheit und des Reichtums, korpulent und verträumt. Und die gerechte

Göttin der Begabung, aus deren wohltätigen Händen ewig der schillernde Perlenregen strömt.

Obwohl so manches Geheimnis dieser unvergleichlichen Kunst, die Pu den Menschen vermachte, vergessen und für immer verloren ist, bleibt die Geschichte des Porzellangottes in Erinnerung. Ich versichere Ihnen, dass jeder der Jeou-yen-liao-kong, jeder der alten blinden Männer in den großen Töpfereien, die den ganzen Tag in der Sonne sitzen und Farben anreiben, bestätigen könnte, dass Pu einst ein bescheidener chinesischer Arbeiter war, der durch unermüdliches Studium und Geduld und durch die Inspiration des Himmels zu einem großen Künstler wurde. Er wurde so berühmt, dass einige ihn für einen Alchemisten hielten, der im Besitz des Geheimnisses war, das man „Weiß-und-Gelb" nannte und mit dem man Steine in Gold verwandeln konnte. Andere hielten ihn für einen Magier, der die grausige Macht besaß, Menschen mit schrecklichen Alpträumen zu töten, indem er verzauberte Abbilder von ihnen unter den Ziegeln ihrer eigenen Dächer versteckte. Andere wiederum behaupteten, er sei ein Astrologe, der das Geheimnis der Fünf Hing entdeckt habe, die alle Dinge beeinflussen, jene Kräfte, die sich sogar im Strom der Sterne bewegen, im milchigen Tien-ho, den man den Fluss des Himmels nennt. So zumindest sprachen die Unwissenden von ihm. Aber auch diejenigen, die dem Sohn des Himmels nahestanden und deren Herzen durch den Erwerb der Weisheit gestärkt worden waren, priesen die Wunder seiner Kunstfertigkeit und fragten sich, ob es wohl irgendeine vorstellbare Form von Schönheit gäbe, die Pu nicht aus dieser herrlichen Substanz, die der Berührung seiner geschickten Hand so gefügig war, hervorbringen könnte.

Eines Tages schickte Pu dem göttlichen Kaiser ein unschätzbar wertvolles Geschenk, eine Vase, die das Material von Erzgestein nachahmte, ganz von pyritischem Funkeln durchstrahlt, eine Gestalt von glitzernder Pracht, verziert mit Chamäleons, die sich darüber ausbreiteten – Chamäleons aus Porzellan, die ihre Farbe so oft wechselten, wie der Betrachter seine Position änderte. Der Kaiser war erstaunt ob der Pracht des Werkes und befragte die Prinzen und die Mandarine über den, der es geschaffen hatte. Und die Prinzen und die Mandarine antworteten, dass es ein Handwerker namens Pu sei, der unter den Töpfern seinesgleichen suche und Geheimnisse kenne, die ihm entweder von Göttern oder von Dämonen eingegeben worden zu sein schienen. Daraufhin schickte der Sohn des Himmels seine Offiziere mit einem stattlichen Geschenk zu Pu und ließ ihn zu sich rufen.

So trat der bescheidene Kunsthandwerker vor den Kaiser und erwartete den Befehl des Herrschers, nachdem er die höchste Ehrerbietung vollzogen hatte – er kniete nieder und berührte siebenundzwanzig Mal mit der Stirn den Boden.

Und der Kaiser sprach zu ihm mit den Worten: „Mein Sohn, dein wunderbares Geschenk hat in unseren Augen großen Anklang gefunden, und für den Zauber dieser Gabe gewähren wir dir eine Belohnung von fünftausend silbernen Liang. Aber das Dreifache dieser Summe soll dir gewährt werden, sobald du unsere Anordnung ausgeführt hast. Höre daher, du unvergleichlicher Künstler, es ist nun unser Wille, dass du für uns eine Vase formst, die die Färbung und das Aussehen von lebendigem Fleisch hat, aber – merke dir gut, was wir verlangen – von Fleisch, das durch die Worte der Poeten zum Kriechen gebracht wird, Fleisch, das durch einen Gedanken in Bewegung versetzt wird, Fleisch, das durch eine Vorstellung zum Schaudern gebracht wird! Gehorche, und antworte nicht! Wir haben gesprochen."

Pu war der klügste von allen P'ei-se-kong, den Männern, die Farben miteinander vermählen, von allen Hoa-yang-kong, die das Dekor der Vasen entwerfen, von allen Hoei-sse-kong, die in Emaille malen, von allen T'ien-thsai-kong, die Farben aufhellen, von allen Chao-lou-kong, die das Feuer und den Porzellanofen überwachen. Jedoch verließ er den Palast des Himmelssohnes in trauriger Stimmung, obwohl ihm eine Belohnung von fünftausend silbernen Liang gewährt worden war. Denn er dachte bei sich: „Das Geheimnis der Wohlgestalt des Fleisches und das Geheimnis, wie es bewegt wird, sind die Geheimnisse des Höchsten Tao. Wie kann der Mensch dem toten Lehm die Eigenschaft des empfindsamen Lebens verleihen? Wer außer dem Unendlichen kann Materie mit Seele erfüllen?"

Doch hatte Pu die Zauberkünste der Farben entdeckt und die Möglichkeiten zur anmutigen Gestaltung, die die Kunst der Keramiker ausmachen. Ihm hatten sich die Geheimnisse des Feng-hong, der zauberhaften Rosenröte offenbart, sowie des Hoa-hong, des köstlichen Inkarnats, des Berggrüns, das Chan-lou genannt wird, des blassen, weichen Gelbs, das man als Hiao-hoang-yeou bezeichnet, und des Hoang-kin, das die flammende Pracht des

Goldes repräsentiert. Er hatte jene silbrigen Aaltöne gefunden und jene Schlangengrüntöne, Stiefmütterchenvioletttöne, Purpurtöne, Karminrot- und Fliedertöne, die so raffiniert sind wie der Geist des Feuers und die unsere abendländischen Emaillisten lange vergeblich zu reproduzieren suchten. Als er jedoch in sein Studio zurückkehrte, um die Arbeit aufzunehmen, fürchtete er sich vor der ihm gestellten Aufgabe und sagte: „Wie soll ein armseliger Mensch das Zucken des Fleisches durch einen Gedanken und das unerklärliche Schaudern einer Vorstellung in Ton wiedergeben? Soll ein Mensch es wagen, die Magie jenes ewigen Gestalters zu verhöhnen, durch dessen unendliche Macht eher eine Million Sonnen geformt werden können, als ein kleines Gefäß auf meinem Rad?"

Doch der Befehl des himmlischen Kaisers durfte keinesfalls missachtet werden, und so versuchte der geduldige Arbeiter mit all seiner Kraft den Wunsch des Himmelssohnes zu erfüllen. Vergeblich mühte er sich tagelang, wochenlang, monatelang, vom Sommer bis zum Winter. Vergeblich betete er zu den Göttern. Vergeblich flehte er den Geist des Ofens an und rief: „O du Geist des Feuers, höre mich, erhöre mich, hilf mir! Wie soll ich – ein elender Mensch, unfähig, dem Lehm eine lebendige Seele einzuhauchen – wie soll ich dieser toten Substanz das Aussehen von Fleisch geben, das durch die Äußerung eines Wortes in Bewegung versetzt wird, das auf entsetzliche Gedanken empfindsam reagiert?"

Mit dem Flüstern des Feuers gab der der Geist des Ofens ihm eine seltsame Antwort: „Groß ist dein Glaube, unheimlich dein Gebet! Hat der Gedanke Füße, die dem Menschen erlauben, die Spur seines Vorübergehens wahrzunehmen? Kannst du mir den Windhauch messen?"

Dennoch versuchte Pu neunundvierzig Mal, den Befehl des Kaisers zu erfüllen. Neunundvierzig Mal bemühte er sich, dem Gebot des Himmelssohnes zu gehorchen. Vergeblich verzehrte er sein Vermögen, vergeblich verausgabte er seine Kräfte, vergeblich erschöpfte er sein Wissen. Der Erfolg war ihm nicht beschieden und das Böse besuchte sein Haus. Die Armut war sein Gast und das Elend fröstelte an seinem Herd.

Meist, wenn die Stunde der Prüfung kam, stellte sich heraus, dass sich die Farben beim Brennen auf seltsame Weise verändert hatten. Sie waren zu aschfahlen Tönen verblasst oder hatten sich in die düsteren Farben des tiefen Waldes verdunkelt. Und Pu, der dieses Unglück sah, rief den Geist des Ofens an und betete: „O du Geist des Feuers, wie soll ich das Aussehen von glänzendem Fleisch, die warme Glut lebendiger Farbe wiedergeben, wenn du mir nicht hilfst?“

Und wieder antwortete ihm der Geist des Ofens mit einem geheimnisvollen Flüstern des Feuers: „Kannst du die Kunst des ewigen Emaillierers erlernen, der das Himmelsgewölbe gestaltet hat, dessen Pinsel aus Licht und dessen Farben die Töne des Abends sind?“

Manchmal, wenn sich die Farben nicht verändert hatten, schien die bearbeitete Oberfläche in der Hitze zu erwachen, um die Beweglichkeit einer lebendigen Haut zu erlangen. Doch letztendlich erwies sich die ganze Mühe der Arbeiter als vergeblich, denn die wankelmütige Materie widersetzte sich ihren Bestrebungen und erzeugte nur groteske Falten wie auf der Schale einer verdorrten Frucht oder Körnungen wie auf der Haut eines toten Vogels, dem man die Federn grob ausgerupft hatte. Und Pu weinte und rief zum Geist des Ofens: „O du Geist der Flamme, wie soll ich den Schauder des von einem Gedanken berührten Fleisches nachahmen können, wenn du mir nicht deine Hilfe gewähren willst?“

Und der Geist des Ofens antwortete ihm auf geheimnisvolle Weise mit einem Flüstern des Feuers: „Kannst du einem Stein eine Seele geben? Kannst du das Innerste der Granitberge mit einem Gedanken erregen?“

Manchmal schien es so, als wäre die ganze Arbeit tatsächlich nicht umsonst gewesen, denn die Farbe schien gut und die Oberfläche der Vase makellos zu sein, ohne Risse, Falten oder Knitter. Aber die geschmeidige Weichheit warmer Haut war nicht zu erkennen. Die fleischfarbene Oberfläche zeigte nur den harten Glanz von Metall. All die Mühe, die sie sich gemacht hatten, um die Zartheit der empfindsamen Substanz vorzutäuschen, hatte keine Spuren hinterlassen, sie waren durch den Feuerhauch des Ofens vernichtet worden. Und Pu schrie in seiner Verzweiflung zum Geist des Ofens: „O du unbarmherziger Gott, den ich mit zehntausend Opfern angebetet habe, für welchen Irrtum hast du mich verlassen, für welche Verfehlung bestrafst du mich? Wie soll ich, der elendeste aller Menschen, jemals das Aussehen des Fleisches, das durch die Äußerung eines Wortes zum Kriechen gebracht wird, und berührt durch den Schauder eines Gedankens, wenn du mir nicht helfen willst?“

Und der Geist des Ofens antwortete ihm mit dem Gebrüll des Feuers: „Kannst du eine Seele teilen? Nein!... Dein Leben für das Leben deines Werkes, deine Seele für die Seele deiner Vase!“

Als Pu diese Worte hörte, fasste er einen furchtbaren Entschluss, der sein Herz erbeben ließ, und machte sich zum letzten und fünfzigsten Mal bereit, die Vase für den Ofen zu gestalten.

Hundertmal siebte er den Ton und den Quarz, den Kao-ling und den Tun, hundertmal reinigte er sie in klarstem Wasser, hundertmal knetete er die cremige Masse mit unermüdlichen Händen und mischte sie schließlich mit Farben, die nur er kannte. Dann wurde die Vase geformt und wieder umgestaltet, von Pus Händen berührt und retuschiert, bis sie sich zu bewegen schien und zu zittern und zu klopfen, wie beseelt von einer inneren Lebendigkeit, ausgestattet mit zuckenden Muskeln, die sich unter der Haut wellten. Denn die Farben des Lebens lagen auf ihr und durchdrangen ihr Innerstes, ahmten die Tönung des bluthellen Gewebes und das netzartige Violett der Adern nach, und über allem lag die Hülle aus sonnengelbem Pe-kiaho, der klare und glänzende Schmelz, halb durchsichtig, wie die Substanz, die er nachahmte – die glatte Haut einer Frau. Niemals seit der Erschaffung der Welt war ein vergleichbares Werk durch das Geschick eines Menschen angefertigt worden.

Dann befahl Pu seinen Gehilfen, den Ofen gut mit Tscha-Holz zu füttern, doch den Entschluss, den er gefasst hatte, verriet er keinem. Als der Ofen zu glühen begann und er das Werk seiner Hände in der roten Flamme erblühen sah, verneigte er sich vor dem Geist des Ofens und flüsterte: „Oh, du Geist und Meister des Feuers, ich erkenne die Wahrheit deiner Worte! Ich weiß, dass eine Seele niemals geteilt werden kann! Darum mein Leben für das Leben meines Werkes, meine Seele für die Seele meiner Vase!“

Neun Tage und acht Nächte lang wurden die Öfen unaufhörlich mit Tscha-Holz beschickt. Neun Tage und acht Nächte lang sahen die Menschen zu, wie die Vase zusammensinterte und so ihre wundersame Form annahm, die vom Atem der Flamme rosig gefärbt wurde. Als die neunte Nacht anbrach, hieß Pu seine müden Gehilfen, sich zur Ruhe zu begeben, denn das Werk war fast vollbracht und der Erfolg gesichert. „Wenn ihr mich bei Sonnenaufgang nicht mehr antrefft“, sagte er, „scheut euch nicht, die Vase herauszunehmen, denn ich weiß, dass die Aufgabe gemäß dem Befehl des Kaisers erfüllt sein wird." So zogen sie ab.

In derselben neunten Nacht ging Pu in das Feuer und gab seine Seele auf, indem er im Geist des Ofens aufging. Er opferte sein Leben für das Leben seiner Schöpfung – seine Seele für die Seele seiner Vase.

Als die Arbeiter am zehnten Morgen kamen, um das Wunderwerk aus Porzellan aus dem Ofen zu holen, war von Pu nichts mehr zu sehen, nicht mal die Knochen. Doch, welch Wunder! Die Vase schien bei näherer Betrachtung zu leben. Sie schien Fleisch zu sein, das durch Worte bewegt und durch Gedanken zum Kriechen gebracht wurde. Und wann immer sie mit den Händen berührt wurde, ertönte eine Stimme, die einen Namen rief – die Stimme ihres Schöpfers rief den Namen ihres Schöpfers: Pu.

Als der Sohn des Himmels dies hörte und die wundersame Vase sah, sagte er zu den Umstehenden: „Wahrlich, das Unmögliche wurde durch die Macht des Glaubens und durch die Kraft des Gehorsams vollbracht! Wir wollten nur wissen, ob die Kunstfertigkeit des unvergleichlichen Meisters von den Göttern oder von den Dämonen stammte, vom Himmel oder von der Hölle. Nun aber sehen wir, dass Pu seinen Platz unter den Göttern eingenommen hat." Der Kaiser trauerte über alle Maßen um seinen treuen Diener. Er ordnete an, dass dem Geist des wunderbaren Künstlers göttliche Ehren erwiesen und sein Andenken auf ewig verehrt werden sollte, und dass in allen Städten des himmlischen Reiches und vor allen Töpfereien Statuen von ihm aufgestellt werden sollten, damit die vielen Arbeiter unaufhörlich seinen Namen anrufen und seinen Segen für ihre Arbeit erflehen könnten.

Anmerkungen

„Die Seele der großen Glocke“ – Die Geschichte von Ko-Ngai gehört zu einer Sammlung mit dem Titel Pe-Hiao-Tou-Choue oder „Hundert Beispiele für kindliche Pietät“. Sie wurde von dem chinesischen Autor in einfachen Worten erzählt. Der gelehrte französische Konsul P. Dabry de Thiersant übersetzte und veröffentlichte 1877 einen Teil des Buches, darunter die Legende der Glocke. Seine Übersetzung ist mit einer Reihe chinesischer Zeichnungen angereichert. Darunter findet man ein hübsches kleines Bild von Ko-Ngai, die in das geschmolzene Metall springt.

„Die Geschichte von Ming-Y“ – Die eigentümliche Gespenstergeschichte, auf der mein Werk beruht, ist die vierunddreißigste Erzählung der berühmten Sammlung Kin-Kou-Ki-Koan, die erstmals unter dem Titel „La Bachelière du Pays de Chu“ von dem gelehrten Gustave Schlegel übersetzt wurde, und zwar als Einleitung zu seiner Veröffentlichung einer französischen Fassung des merkwürdigen und obszönen Mai-yu-lang-toú-tchen-hoa-koueï (Leiden, 1877), das seinerseits die siebte Ausgabe desselben Werks darstellt. Schlegel, Julien, Gardner, Birch, D'Entrecolles, Rémusat, Pavie, Olyphant, Grisebach, Hervey-Saint-Denys und andere haben der abendländischen Welt Übersetzungen von achtzehn Geschichten aus dem Kin-Kou-Ki-Koan geliefert, nämlich der Nummern 2, 3, 5, 6, 7, 8, 10, 14, 19, 20, 26, 27, 29, 30, 31, 34, 35 und 39. Das chinesische Werk selbst stammt aus dem dreizehnten Jahrhundert. Da es sich dabei aber um eine Sammlung der populärsten Erzählungen dieser Epoche handelt, könnten viele der vom chinesischen Herausgeber ausgewählten Geschichten einen viel älteren Ursprung haben. Der Kin-Kou-Ki-Koan enthält vierzig Erzählungen.

„Die Legende von Tchi-Niu“ – Meine Vorlage für diese Geschichte ist die Legende aus dem vierunddreißigsten Kapitel des Kan-ing-p'ien oder „Buch der Belohnungen und Bestrafungen“, einem Werk, das Lao-tseu zugeschrieben wird und etwa vierhundert Anekdoten und Überlieferungen der kuriosesten Art enthält:

> „Tong-yong, der unter der Han-Dynastie lebte, war extrem verarmt. Nachdem er seinen Vater verloren hatte, verkaufte er sich selbst, um (...) die Mittel zu erhalten, ihn zu begraben und ihm ein Grabmal zu errichten. Der himmlische Herrscher hatte Mitleid mit ihm und schickte die Göttin Tchi-Niu, die seine Frau werden sollte. Sie webte jeden Tag ein Stück Seide, bis sie in der Lage

war, ihn freizukaufen, woraufhin sie ihm einen Sohn schenkte und in den Himmel zurückkehrte." *Juliens französische Übersetzung, S. 119.*

Damit der Leser nicht glaubt, dass ich mich bei den Schilderungen der Geistererscheinung, der Heilung, der Heiratszeremonie usw. ausschließlich auf meine eigene Phantasie gestützt habe, verweise ich ihn auf Nr. XCVI. von Giles' „Strange Stories from a Chinese Studio" mit dem Titel „A Supernatural Wife" (Eine übernatürliche Ehefrau), bei deren Lektüre er feststellen wird, dass meine Erzählung zumindest den chinesischen Vorstellungen entspricht. (Diese Geschichte erschien zuerst in „Harper's Bazaar" und wird hier mit Genehmigung wiederveröffentlicht).

„Die Rückkehr des Yen-Tchin-King" – In meiner Version dieser Legende, die im Kan-ing-p'ien sehr prägnant erzählt wird, mag ein unfreiwilliger Anachroismus enthalten sein. Der Homiletiker nennt keinen Kaisernamen, und das Datum des Aufstands scheint nur eine Vermutung zu sein. Baber erwähnt in seinen „Memoirs", dass einer seiner mongolischen Bogenschützen einen zweihundert Pfund schweren Bogen biegen konnte, bis sich die Enden trafen.

„Der Ursprung der Teepflanze" – Meine Vorlage für dieses Stück Folklore ist der kurze Bericht, den Bretschneider im „Chinese Recorder" von 1871 veröffentlicht hat.

> „Eine japanische Legende besagt, dass ein buddhistischer Priester um 519 n. Chr. nach China kam. Um seine Seele ganz Gott zu weihen, legte er das Gelübde ab, Tag und Nacht in ununterbrochener Meditation zu verbringen. Nach vielen Jahren dieses ständigen Wachens war er schließlich so müde, dass er einschlief. Als er am nächsten Morgen erwachte, bedauerte er so sehr, sein Gelübde gebrochen zu haben, dass er sich beide Augenlider abschnitt und sie zu Boden warf. Als er am nächsten Tag an dieselbe Stelle zurückkehrte, stellte er fest, dass jedes Augenlid zu einem Strauch geworden war. Das war der Teestrauch, der bis dahin unbekannt war."

Bretschneider fügt hinzu, dass die erwähnte Legende den Chinesen nicht bekannt zu sein scheint. Doch angesichts der Tatsache, dass der Buddhismus selbst, mit all seinen wunderbaren Legenden, von den Japanern aus China übernommen wurde, ist es wohl wahrscheinlich, dass auch diese Legende einen chinesischen Ursprung hat, der nachträglich durch die japanische Chronologie verschleiert wurde. Meine buddhistischen Texte stammen aus Fernand Hûs Übersetzung des Dhammapada und aus Leon Feers Übersetzung des „Sutra in zweiundvierzig Artikeln" aus dem Tibetischen. Ein

Orientalist, der sich in einem seltenen Moment der Muße herablassen sollte, einen Blick auf mein Werk zu werfen, könnte auch entdecken, dass ich die eine oder andere Idee von dem sanskritischen Dichter Bhâminî-Vilâsa entliehen habe.

„Die Geschichte vom Porzellangott" – Der gute Père D'Entrecolles, der den Europäern erstmals die Geheimnisse der chinesischen Porzellanherstellung vermittelte, schrieb vor hundertsechzig Jahren:

> „Die Kaiser von China sind zu Lebzeiten die am meisten gefürchteten Persönlichkeiten, und sie glauben, dass nichts jemals ihren Wünschen im Wege stehen sollte."
>
> „Es wird erzählt, dass einst ein Kaiser darauf bestand, dass für ihn Porzellan nach einer von ihm vorgegebenen Vorlage angefertigt werden sollte. Man antwortete ihm, dass dies einfach unmöglich sei, aber alle derartigen Einwände bestärkten ihn nur in seinem Wunsch (...). Die Offiziere, die von dem Halbgott beauftragt waren, die Arbeiten zu überwachen und zu beschleunigen, behandelten die Arbeiter mit großer Strenge. Die armen Kerle gaben ihr ganzes Geld aus, mühten sich nach Kräften und erhielten dafür nur Schläge. Einer von ihnen sprang in einem Anfall von Verzweiflung in den glühenden Ofen und wurde auf der Stelle zu Asche verbrannt. Doch das Porzellan, das in diesem Moment gebrannt wurde, soll sehr schön geworden und zur Zufriedenheit des Kaisers ausgefallen sein (...). Von da an wurde der unglückliche Arbeiter als Held verehrt und seine Statue wurde zum Götzenbild, das über die Porzellanherstellung wacht."

Es scheint, dass D'Entrecolles die Statue von Pou't'ai, dem Gott des Trostes, mit der echten Porzellan-Gottheit verwechselt hat, wie Jacquemart und andere feststellen. Dieser Irrtum tut der Schönheit des Mythos jedoch keinen Abbruch, und es gibt keinen guten Grund, daran zu zweifeln, dass D'Entrecolles ihn so erzählte, wie er ihn von einigen seiner chinesischen Freunde in King-te-chin gehört hatte. Die Nachforschungen von Stanislas Julien und anderen haben die Glaubwürdigkeit der Aussagen des katholischen Missionars in anderer Hinsicht nur bestätigt, und sowohl Julien als auch Salvétat zitieren in ihrer bewundernswerten französischen Übertragung des King-te-chin-thao-lou, „Geschichte der Porzellane von King-te-chin" (ein Werk, das mir bei der Vorbereitung meiner kleinen Geschichte von größtem Nutzen war), ausführlich aus seinen Briefen und sprechen ihm das höchste Lob als gewissenhaftem Forscher aus. Soweit ich in Erfahrung bringen konnte, bleibt D'Entrecolles' Schrift die einzige Vorlage für die Legende, aber seine Behauptungen in Bezug auf andere Dinge haben den strengen Prüfungen der Zeit erstaunlich gut standgehalten, und seit der Zeit, als King-te-chin durch den Tai-ping-Aufstand zerstört und seine edle Industrie lahmlegt wurde, ist der Wert der Dokumente und des Zeugnisses des französischen Missionars weithin anerkannt worden. In Ermangelung eines anderen Namens für den Helden der Legende war ich gezwungen, den Namen Pou oder Pu beizubehalten und ihn nur ohne den Zusatz „t'ai“ zu verwenden, um ihn von der Gottheit des Trostes und der Ruhe zu unterscheiden.

Glossar

ABHIDHARMA – Die Metaphysik des Buddhismus. Die buddhistische Literatur wird in drei große Abteilungen oder „Körbe“ eingeteilt. Die höchstrangige von ihnen ist das Abhidharma. Nach einer Passage in Spence Hardys „Manual of Buddhism“ ist das vollständige Verständnis des Abhidharma nur möglich, wenn ein Buddha es erlangt.

CHIH – „Haus“, vor allem aber das Haus der Toten, ein Grabmal.

CHU-SHA-KIH – Die Mandarine.

ÇRAMANA – Ein Asket. Jemand, der sich seine Sinne unterworfen hat. Für eine interessante Geschichte dieses Begriffs, siehe Burnouf, „Introduction à l'histoire du Buddhisme Indien“.

DAMÂRI – Ein eigentümlicher Gesang mit etwas ausschweifendem Charakter, der vor allem während des indischen Karnevals gesungen wird. Eine ebenso kurze wie unterhaltsame Darstellung der Volkslieder und Hymnen der Hindus findet sich in Garcin de Tassy, „Chants populaires de l'Inde“.

DREI RÄTE – Sechs Sterne des Sternbilds Großer Bär (ικ-λμ-νξ), die offenkundig paarweise angeordnet sind, werden von den chinesischen Astrologen und Mythologen so genannt. Die drei Paare werden außerdem als Oberer Rat, Mittlerer Rat und Unterer Rat bezeichnet und bilden zusammen mit dem Schutzgeist des nördlichen Himmels ein himmlisches Tribunal, das über die Dauer des menschlichen Lebens wacht und über dessen schicksalhaften Verlauf entscheidet. (Anmerkung von Stanislas Julien in „Le Livre des Récompenses et des Peines“).

FO – Buddha wird in verschiedenen chinesischen Dialekten Fo, Fuh, Fuh-tu, Hwut, Fat genannt. Man vermutet, dass der Name eine Verballhornung des hinduistischen Begriffs Bodh oder „Wahrheit“ ist, was auf die unvollkommene Artikulation des Chinesischen zurückzuführen ist. Es ist eine merkwürdige Tatsache, dass die chinesische buddhistische Liturgie auf Sanskrit basiert, das in chinesische Schriftzeichen transkribiert wurde, und dass die Priester jede Erinnerung an die alte Sprache verloren haben und die Texte ohne das geringste Verständnis für ihre Bedeutung wiederholen.

FUH-YIN – Ein Beamter, der in chinesischen Städten ein Amt innehat, das dem des Bürgermeisters im Abendland entspricht.

FUNG-HOANG – Dieser allegorische Vogel, der in mancher Hinsicht dem arabischen Phönix entspricht, wird als fünf Ellen hoch beschrieben, hat Federn in fünf verschiedenen Farben und singt in fünf Modulationen. Das Weibchen soll in unvollkommenen Tönen singen, das Männchen in vollkommenen. Der Fung-Hoang spielt in den chinesischen Musikmythen und -legenden eine große Rolle.

GOPIA (oder Gopis) – Töchter und Ehefrauen der Kuhhirten von Vrindavana, unter denen Krishna nach seiner Inkarnation als achter Avatar Vishnus aufwuchs. Krishnas Liebschaften mit den Hirtinnen oder Gopia sind Gegenstand verschiedener berühmter mystischer Schriften, insbesondere des Prem-Ságar oder „Ozean der Liebe“ (übersetzt von Eastwick und anderen) und der sinnlichen Gita-Govinda des bengalischen Lyrikers Jayadeva (von Hippolyte Fauche in französische Prosa übersetzt und von Ed-win Arnold im „Indian Song of Songs“ keusch in englische Verse übertragen). Siehe auch Burnoufs Teilübersetzung des Bhagavata Parana und Théodore Pavies „Krichna et sa doctrine“. Das gleiche Thema hat einige der seltsamsten Werke der Hindu-Kunst inspiriert. Für Beispiele siehe die Tafeln 65 und 66 von Moors „Hindu-Pantheon“ (Ausgabe von 1861). Für Berichte über die erotische Mystik, die mit der Verehrung von Krishna und Gopia verbunden ist, kann der Leser auch auf die in Barths „Religions of India“, De Tassys „Chants populaires de l'Inde“ und Lamairesses „Poésies populaires du Sud de l'Inde“ zitierten Vorlagen verwiesen werden.

HAO KHIEOU TCHOUAN – Dieser berühmte chinesische Roman wurde 1842 von M. Guillard d'Arcy ins Französische übersetzt und erschien unter dem Titel „Hao-Khieou-Tchouan, ou, La Femme Accomplie“. Die erste Übersetzung der Romanze in eine europäische Sprache war eine Übertragung ins Portugiesische. Die englische Version von Percy basiert auf dem portugiesischen Text. Das Werk ist reich an poetischen Zitaten.

HEÏ-SONG-CHÉ-TCHOO – „Eines Tages, als der Kaiser Hiuan-tsong aus der Thang-Dynastie in seinem Studierzimmer saß“, so steht es im Tao-kia-ping-yu-che geschrieben, „erhob sich ein winziger taoistischer Priester, nicht größer als eine Fliege, aus dem Tintenfass auf seinem Tisch und sprach zu ihm: ‚Ich bin der Schutzgeist der Tinte. Mein Name ist Heï-song-ché-tchoo [Gesandter der schwarzen Tanne], und ich bin gekommen, um Euch zu sagen, dass, wann immer ein wahrer Weiser sich zum Schreiben hinsetzt, die Zwölf Gottheiten der Tinte [Long-pinn] auf der Oberfläche der Tinte, die er benutzt, erscheinen werden.'" Siehe „L'Encre de Chine", von Maurice Jametel. Paris. 1882.

HOA-TCHAO – Der „Geburtstag der hundert Blumen" fällt auf den fünfzehnten des zweiten Frühlingsmondes.

HUND VON FO – Der Hund von Fo ist eines jener sagenhaften Ungeheuer, in deren bildhauerischer Darstellung die chinesische Kunst ihre groteskeste Ausprägung gefunden hat. In Wirklichkeit ist er ein überspitzt dargestellter Löwe, und die symbolische Beziehung des Löwen zum Buddhismus ist wohlbekannt. Statuen dieser mythischen Tiere – manchmal von grandioser und kolossaler Ausführung – werden paarweise vor den Eingängen von Tempeln, Palästen und Gräbern aufgestellt, als Zeichen der Ehre und als Embleme des göttlichen Schutzes.

JADE – Jade oder Nephrit, eine Jaspisart, die die Chinesen Yuh nennen, wird von ihnen seit jeher als Material für Kunstwerke hoch geschätzt. Im „Buch der Belohnungen und Bestrafungen" gibt es eine seltsame Legende, die besagt, dass Konfuzius nach der Fertigstellung seines Hiao-King („Buch der Pietät"), nachdem er sich an den Himmel gewandt hatte, ein purpurroter Regenbogen vom Himmel fiel und sich zu seinen Füßen in ein Stück gelbe Jade verwandelte. Siehe die Übersetzung von Stanislas Julien, S. 495.

KABIT – Eine Gedichtform, die bei den Komponisten religiöser Hindu-Gesänge sehr beliebt ist. Das Kabit besteht immer aus vier Strophen.

KAO-LING – Kao-ling, wörtlich „der hohe Bergrücken" war ursprünglich der Name eines Gebirgszuges, der den Porzellanherstellern die beste Tonqualität lieferte. Später wurde der Begriff, der durch lange Gewohnheit zur Bezeichnung des Materials selbst verwendet wurde, in das heute in allen Ländern gebräuchliche Wort „Kaolin" umgewandelt. In der Sprache der chinesischen Töpfer wurde der Kaolin oder Ton poetisch als „Knochen" und der Tun oder Quarz als „Fleisch" des Porzellans bezeichnet, während die vorgefertigten Ziegel aus den kombinierten Substanzen als pe-tun-tse bekannt waren. Beide Stoffe, der unschmelzbare und der schmelzbare, stammen aus der gleichen geologischen Formation, dem zersetzten Feldspatgestein.

KASÍ (oder Varanasi) – Alter Name von Benares, der „Heiligen Stadt", von der man glaubt, dass sie von den Göttern gegründet wurde. Sie wird auch „Der Lotos der Welt" genannt. Barth bezeichnet sie als „das Jerusalem aller Sekten, sowohl des alten als auch des modernen Indien". Noch immer gibt es dort zweitausend Heiligtümer und eine halbe Million Götterbilder. Siehe auch Sherrings "Sacred City of the Hindoos".

KIANG-KOU-JIN – Wörtlich übersetzt: der „Erzähler alter Geschichten". Eine kurze Beschreibung der professionellen Geschichtenerzähler in China findet der Leser in Schlegels unterhaltsamer Einführung in das Mai-yu-lang-toú-tchen-hoa-koueï.

KIN – Das vollkommenste der chinesischen Musikinstrumente, auch „Gelehrtenlaute" genannt. Das Wort kin bedeutet auch „verbieten". Dieser Name soll dem Instrument gegeben worden sein, weil die Musik nach chinesischem Glauben „die bösen Leidenschaften zügelt und das menschliche Herz korrigiert". Siehe Williams' „Reich der Mitte".

KOUEI – Der Musiker des Kaisers Yao muss sein Amt zwischen 2357 und 2277 v. Chr. ausgeübt haben. Der Auszug aus einem seiner Lieder, den ich am Anfang der „Geschichte von Ming-Y" wiedergegeben habe, ist also mehr als viertausend Jahre alt. Derselbe Gesang enthält eine weitere bemerkenswerte Passage, die den chinesischen Glauben an musikalische Magie beweist:

„Wenn ich meinen [musikalischen] Stein schlage,
Sei es sanft, sei es stark,
Dann springen die wildesten Raubtiere empor vor Freude.
Und die obersten Beamten sind sich einig."

KWANG-TCHAU-FU – Wörtlich übersetzt: „die breite Stadt" – der Name von Kanton. Sie wird auch „Die Stadt der Genii" genannt.

LÍ – Ein Längenmaß. Die Länge des Lí hat in der Antike und in der Neuzeit erheblich variiert. Die derzeitige Länge wird von Williams mit zehn Li für eine Meile angegeben.

LI-SAO – „Die Vertreibung des Kummers", eines der berühmtesten chinesischen Gedichte aus der klassischen Periode. Es soll um 314 v. Chr. von Kiu-ping-youen, dem Minister des Königs von Tsou, geschrieben worden sein. Kiu-ping, der sich als Opfer einer niederträchtigen Hofintrige sah, schrieb das Li-Sao zur Rehabilitierung seiner Person und als Tadel für die Bosheit seiner Feinde, wonach er Selbstmord durch Ertränken beging. Eine gute französische Übersetzung des Li-Sao wurde von Marquis Hervey de Saint-Denys (Paris, 1870) angefertigt.

LI-SHU – Der zweite der sechs chinesischen Schreibstile, über den Williams in „Middle Kingdom" berichtet. Nach verschiedenen taoistischen Legenden sind die Dekrete des Himmels im „Siegel-Zeichen", dem ältesten von allen, niedergeschrieben. Zeichen auf den Körpern von Personen, die vom Blitz getötet wurden, werden als darin geschriebene Urteile interpretiert. Die folgende außergewöhnliche Geschichte aus dem Kan-ing-p'ien bietet ein gutes Beispiel für den fraglichen Aberglauben.

> Tchang-tchun war Staatsminister unter der Herrschaft von Hoeï-tsong aus der Song-Dynastie. Er beschäftigte sich ausschließlich mit dem Aushecken perfider Intrigen. Er starb im Exil in Mo-tcheou. Einige Zeit später, als der Kaiser auf der Jagd war, ging ein heftiger Regen nieder, der ihn zwang, in der Hütte eines armen Mannes Schutz zu suchen. Der Donner grollte heftig, und der Blitz tötete einen Mann, eine Frau und einen kleinen Jungen. Auf dem Rücken des Mannes und der Frau fand man rote Schriftzeichen, die nicht entziffert werden konnten. Auf dem Rücken des kleinen Jungen jedoch konnte man die folgenden sechs Worte lesen, die in Tchouen-Schrift geschrieben waren: Tsé-Tch'in-Tchang-Tchun-Heou-Chin, was bedeutet: „Kind aus dem Geschlecht des Tschang-Tschun, der ein rebellischer Untertan war". Le Livre des Récompenses et des Peines, übersetzt von Stanislas Julien, S. 446.

PAGAL – Der von Hindu-Frauen häufig getragene Knöchelring, auch Nupur genannt. Er ist hohl und enthält lose Metallstücke, die klimpern, wenn der Fuß bewegt wird.

SAN-HIEN – Eine dreisaitige chinesische Gitarre. Ihr Bauch ist normalerweise mit Schlangenhaut bedeckt.

SIU-FAN-TI – „Das Fegen der Gräber", ist der Tag der allgemeinen Verehrung der Ahnen, das chinesische „Allerseelenfest". Er fällt in die erste Aprilhälfte, die sogenannte Tsing-ming-Periode.

TA-CHUNG SZ' – Wörtlich übersetzt: „Tempel der Glocke". Das so benannte Gebäude in Peking beherbergt wahrscheinlich die größte hängende Glocke der Welt, die in der Regierungszeit von Yong-lo, etwa 1406 n. Chr., gegossen wurde und über 120.000 Pfund wiegt.

TAO – Das unendliche Dasein oder universelle Leben, von dem jedwede Gestalt ausgeht. Wörtlich übersetz: „der Weg", im Sinne der ersten Ursache. Lao-tseu verwendet den Begriff auf andere Weise. Die ursprüngliche und wichtigste philosophische Bedeutung, die er ihm gab, wird in dem berühmten XXV. Kapitel des Tao-te-king gut erklärt. Der Unterschied zwischen der

Auffassung des großen chinesischen Denkers von der ersten Ursache – dem Unerkennbaren – und den Theorien anderer berühmter orientalischer und abendländischer Metaphysiker wird in Stanislas Juliens Einleitung zum Tao-te-king, S. x-xv, mit einiger Bestimmtheit dargelegt. („Le Livre de la Voie et de la Vertu." Paris, 1842.)

THANG – Die Thang-Dynastie, die zwischen 620 und 907 n. Chr. florierte, förderte Literatur und Kunst und bescherte China seine glänzendste Zeit. Die drei in der zweiten Geschichte erwähnten Dichter der Thang-Dynastie wirkten zwischen 779 und 852 n. Chr.

TIEN-HIA – Wörtlich übersetzt: „Unter dem Himmel". Einer der ältesten der vielen Namen, die die Chinesen China gegeben haben. Der Name „China" selbst wird von der schwarzhaarigen Rasse nie auf ihr eigenes Land angewandt und soll seinen Ursprung in der ruhmvollen Zeit der ersten Tsin-Dynastie haben, deren Gründer, Tsin Chí-Houang-tí, die Große oder „Myriaden-Meilen-Mauer" errichtete, die zweiundzwanzigeinhalb Breitengrade lang ist. Siehe Williams zum Vorkommen des Namens „China" in der sanskritischen Literatur.

TSIEN – So wird die bekannte chinesische Kupfermünze genannt, die in der Mitte ein quadratisches Loch zum Auffädeln hat. Je nach Qualität des Metalls werden für die Herstellung eines Silberdollars zwischen 900 und 1.800 Tsien benötigt.

TSING-JIN – „Männer von Tsing". Seit sehr alten Zeiten pflegen sich die Chinesen mit den Namen ihrer berühmten Dynastien zu bezeichnen: Han-jin, „die Männer von Han", Thang-jin, „die Männer von Thang", usw. Ta Tsing Kwoh („Großes Reines Königreich") ist der Name, den das gegenwärtige Herrscherhaus China gegeben hat, und nach dem sich das Volk Tsing-jin oder „Männer von Tsing" nennen könnte. Williams merkt jedoch an, dass sie diese Bezeichnung noch nicht akzeptieren.

VERSE (chinesische) – Die Verse, die der „Legende von Tchi-Niu" vorausgehen, bieten einige bemerkenswerte Beispiele für chinesische Lautmalerei. Sie kommen in der sechsten Strophe von Miên-miên vor, dem dritten Gesang des ersten Abschnitts von Ta-ya, dem dritten Buch des Chi-King (siehe die französische Version von G. Pauthier.) Dr. Legge übersetzt die Strophe folgendermaßen:

„Die Menschen brachten die Erde in Körben. Sie warfen sie mit Geschrei in die Rahmen. Sie klopften sie mit schnellen Schlägen. Sie schabten die Wände mehrmals ab, bis sie stark klangen." Sacred Books of the East, Vol. III., The She-King, S. 384.

Pauthier übersetzt die Verse etwas anders, wobei er in drei der Zeilen die Lautmalerei beibehält. Hoûng-hoûng sind die Geräusche, die in den Holzlagern zu hören sind, wo das Holz abgemessen wird. Aus den Werkstätten der Baumeister erklingen die Geräusche von tông-tông, und die massiven Mauern, wenn sie fertiggestellt sind, geben den Klang pîng-pîng von sich.

YAO – „Porzellan". Der Leser, der detaillierte Informationen über die Technologie, Geschichte oder Legenden der chinesischen Porzellanherstellung wünscht, sollte Stanislas Juliens bewundernswerte „Histoire de la Porcelaine Chinoise" (Paris, 1856) zu Rate ziehen. Mit einigen kleineren Ausnahmen wurden die Bezeichnungen der verschiedenen Porzellane, die in meiner „Geschichte des Porzellangottes" genannt werden, Juliens Werk entnommen. Obwohl diese Namen im Chinesischen seltsam melodisch und auch sonst attraktiv sind, verlieren sie in der Übersetzung an Wirkung. Die meisten von ihnen verweisen lediglich auf die Zentren der Manufaktur oder auf berühmte Töpfereien: Chou-yao, „Porzellan von Chou", Hong-tcheou-yao, „Porzellan von Hong-tcheou", Jou-yao, „Porzellan von Jou-tcheou", Ting-yao, „Porzellan von Ting-tcheou", Ko-yao, „Porzellan des Älteren Bruders [Thsang]", Khang-hi-nien-t'sang-yao, „Porzellan von Thsang aus der Regierungszeit von Khang-hi". Einige Porzellane wurden mit den Namen von Dynastien oder den Titeln von bürgerlichen Amtsträgern gekennzeichnet, wie das berühmte Tch'aï-yao, „die Porzellane von Tch'aï" (dies war der Name der Familie des Kaisers Chi-tsong) und die Kouan-yao, oder „Porzellane der Magistrate". Sehr viel seltener beziehen sich die Namen direkt auf das Material oder die künstlerische Besonderheit der Porzellane, wie Ou-ni-yao, die „Schwarzpasten-Porzellane", oder Pi-se-yao, die „Porzellane mit versteckter Farbe". Das Wort khi, das manchmal anstelle von yao in diesen zusammengesetzten Namen verwendet wird, bedeutet „Vasen", wie Jou-khi, „Vasen von Jou-tcheou", Kouan-khi, „Vasen für Magistrate".

Nachwort des Herausgebers

Lafcadio Hearns Nacherzählungen japanischer Legenden und Volkssagen, die in den Jahren 1895 bis 1904 erstmals publiziert wurden, erfreuen sich noch heute großer Beliebtheit. Bevor der Schriftsteller irisch-griechischer Abstammung nach Japan übersiedelte, arbeitete er bis 1890 als Journalist in New Orleans, New York und auf den Westindischen Inseln.

Während seines Aufenthalts in New Orleans begann Hearn damit, fremdsprachige Literatur ins Englische zu übertragen. Seine erste Buchveröffentlichung aus dem Jahre 1882, *One of Cleopatra's Nights*, enthielt sechs Novellen des französischen Schriftstellers Théophile Gautier. Hierbei handelte es noch um weitgehend wörtliche Übersetzungen der Originaltexte. Bei Hearns zweiter Buchpublikation, *Stray Leaves from Strange Literature*, einer Auswahl sanskritischer, buddhistischer, talmudischer, persischer und polynesischer Texte, die 1884 erschien, zeigte sich dann erstmals Hearns besonderes Talent, das sein späteres Werk auszeichnen sollte. Geschichten, die ihm erzählt wurden oder in Textform begegneten, absorbierte Hearn, glich sie ab mit seiner eigenen Gedankenwelt und gab sie wieder in einer unnachahmlichen Weise, die schon bald viele Leser faszinierte. Bei der Auswahl der Geschichten zeigte sich zu diesem frühen Zeitpunkt bereits Hearns Vorliebe für asiatische Literatur. So wurden bereits in New Orleans die Weichen gestellt für seine spätere Übersiedlung nach Japan.

Hearns Begeisterung für den Fernen Osten hatte einen Schub erhalten, als er in seiner Funktion als Reporter für die Magazine *Harper's Weekly* und *Bazaar* über die World's Industrial and Cotton Centennial Exposition berichtete, die von Dezember 1884 bis Juni 1885 in New Orleans stattfand. Insbesondere der japanische Stand, an dem neben technischen Präsentationen auch musikalische Aufführungen und Kunstausstellungen stattfanden, faszinierte ihn. Dort knüpfte er Kontakte zu japanischen Regierungsvertretern, von denen er später bei seinen Bestrebungen zur Umsiedlung nach Japan profitieren sollte.

Bereits in Hearns frühen Publikationen zeigte sich sein Interesse für alles Sonderbare, Übernatürliche und Befremdliche. Dies trifft auf *Stray Leaves* zu, aber auch auf *Some Chinese Ghosts*, eine Sammlung von sechs unheimlichen Geschichten, die 1887 im Verlag Roberts Brothers erschien. Da Hearn der chinesischen Sprache nicht mächtig war, griff er bei seinen Recherchen auf französische Übersetzungen zurück, die er ins Englische übertrug und dabei die Inhalte mit seinen eigenen Ideen und Interpretationen verwob. In den Geschichten finden sich bereits Themen, die auch sein späteres, in Japan entstandenes Werk auszeichnen. Insbesondere konfuzianistische Wertvorstellungen, wie die Liebe und Aufopferungsbereitschaft der Kinder ihren Eltern gegenüber, sind wiederkehrende Motive. Diese finden sich in der einleitenden Geschichte *Die Seele der großen Glocke*, in der das Mädchen *Ko-Ngai* in die Glut eines Schmelzofens eintaucht, um das Leben ihres Vaters zu retten, aber auch in der *Legende von Chi-Niu*, in der der Protagonist sich in freiwillige Knechtschaft begibt, um seinem Vater ein würdiges Begräbnis zuteilwerden zu lassen. Hearns Wertschätzung für die asiatische Kultur, die er der westlichen in vielen Gesichtspunkten für überlegen hält, zeigt sich in den Erzählungen *Die Geschichte vom Porzellangott* und *Der Ursprung der Teepflanze*, in denen der Autor die Entstehung der Porzellanmacherei und des Teeanbaus auf übernatürliche Einflüsse zurückführt.

Rückblickend hat Lafcadio Hearn selbst ein gemischtes Urteil über *Some Chinese Ghosts* gefällt. Da er sich bei den Recherchen zu diesem Werk ausschließlich auf schriftliche Quellen in westlicher Übersetzung stützte, zweifelte er daran, den Fernen Osten in all seinen Facetten verstanden zu haben. Dennoch war er sich der Bedeutung der kleinen Sammlung chinesischer Geschichten für sein späteres Werk wohl bewusst.

Als zu Beginn des 20. Jahrhunderts auch in Deutschland eine erste Welle der Begeisterung für Lafcadio Hearns Werk aufkam, basierte diese ausschließlich auf den Übersetzungen seiner in Japan entstandenen Schriften, wie *Kwaidan*, *Izumo* oder *Kokoro*. So ist das in New Orleans entstandene Frühwerk *Some Chinese Ghosts* von deutschen Verlegern lange Zeit übersehen worden. Zu Unrecht, markiert es doch mit der Hinwendung zu asiatischen Vorlagen und phantastischen Themen einen Meilenstein in der Hearn'schen Publikationsgeschichte.

Klaus Lerch — Kaarst, im November 2021

Bildnachweise

Titelseite: Reruhi Akiyama – Niō-Statue am Eingang des Nankobo-Tempels in Inabari

Quellen

DIE SEELE DER GROßEN GLOCKE (The Soul of the Great Bell)
DIE GESCHICHTE VON MING-Y (The Story of Ming-Y)
DIE LEGENDE VON TCHI-NIU (The Legend of Tchi-Niu)
DIE RÜCKKEHR DES YEN-TCHIN-KING (The Return of Yen-Tchin-King)
DER URSPRUNG DER TEEPFLANZE (The Tradition of the Tea-Plant)
DIE GESCHICHTE VOM PORZELLANGOTT (The Tale of the Porcelain-God)
aus: Some Chinese Ghosts. *Boston. Roberts Brothers. 1887*

Edition Hearn

In der Reihe EDITION HEARN werden ausgewählte Werke von Lafcadio Hearn veröffentlicht. Der Schriftsteller griechisch-irischer Abstammung lebte von 1890 bis zu seinem Tod im Jahre 1904 in Japan. Durch seine Werke wurde das westliche Bild von Japan Anfang des 20. Jahrhunderts entscheidend geprägt.

Auch heute noch gilt Lafcadio Hearn im Land der aufgehenden Sonne als der Ausländer, der die japanische Kultur und Lebensweise am tiefgründigsten verstanden und beschrieben hat.

Kwaidan
Broschur, 124 Seiten, 20 S/W-Abbildungen

Die Versöhnung des Samurai
Broschur, 112 Seiten, 2 Seiten Farbdruck, 13 S/W-Abbildungen

Japan – Ein Deutungsversuch
Broschur, 303 Seiten

Die Geisterkaskade
Broschur, 128 Seiten, 13 S/W-Abbildungen

Lotos
Broschur, 177 Seiten

Izumo
Broschur, 188 Seiten

Lafcadio Hearn

Die Versöhnung des Samurai

Unheimliche Geschichten aus Japan

Broschur
112 Seiten
2 Seiten Farbdruck
13 S/W-Abbildungen
ISBN 978-3-945058-05-3

Der Schädelberg

Die Legende von Fugen Bosatsu

Das Mädchen aus dem Wandschirm

Der Reiter auf dem Leichnam

Die Kobold-Spinne

und viele mehr

In dieser Sammlung unheimlicher Geschichten aus Japan begegnen uns reumütige Samurai, tapfere Jünglinge und weitgereiste Gelehrte. Sie treffen auf die Geister Verstorbener, Dämonen aus der Unterwelt und auf Berge von Totenschädeln.

Lafcadio Hearns Interpretationen japanischer Mythen und Legenden sind schauerlich unterhaltsam. Zugleich vermitteln sie dem Leser ein tiefes Verständnis von Wertvorstellung und Tradition im alten Japan.

Aus dem Verlagsprogramm

Akutagawa, Ryūnosuke - *Kappa*
87 Seiten, ISBN 978-3-945058-14-5

Couperus, Louis - *Japanische Streifzüge*
182 Seiten, ISBN 978-3-945058-00-8

Dauthendey, Max - *Den Abendschnee am Hirayama sehen*
69 Seiten, ISBN 978-3-945058-13-8

Doblhoff, Josef von - *Chillonius in Japan*
148 Seiten, ISBN 978-3-945058-10-7

Franz Ferdinand von Österreich-Este – *35 Tage in Japan*
156 Seiten, ISBN 978-3-945058-16-9

Klabund - Das Kirschblütenfest
83 Seiten, ISBN 978-3-945058-28-2

Lerch, Klaus - *Das Atelier des Kusakabe Kimbei*
97 Seiten, ISBN 978-3-945058-01-5

Lerch, Klaus - Der Aum-Effekt
47 Seiten, ISBN 978-3-945058-25-1

Lerch, Klaus (Hrsg.) - *Unheimliche Geschichten aus Japan*
99 Seiten, ISBN 978-3-945058-03-9

Mohl, Ottmar von - *Am japanischen Hofe*
213 Seiten, ISBN 978-3-945058-02-2

Müller, Igor; Akiyama, Reruhi - *Kyōto – Tanka*
92 Seiten, ISBN 978-3-945058-06-0

Müller, Igor; Akiyama, Reruhi - *Nara – Haiku*
91 Seiten, ISBN 978-3-945058-08-4

Ozaki, Yei Theodora - *Der Mann, der nicht sterben wollte*
115 Seiten, ISBN 978-3-945058-29-9

Stuckenschmidt, Dierk - *Todai-ji*
383 Seiten, ISBN 978-3-945058-11-4

Hibarios Verlag
Königstraße 110, 41564 Kaarst, www.hibarios-verlag.de